LE JOURNAL
LA FRANCE
123, RUE MONTMARTRE

RÉDACTION.

Paris, le 5 Janvier 43

Mon cher ami,

Nous avons lu votre article, avec Burian et Vachon. Nous l'avons unanimement trouvé d'une grandeur à nulle autre pareille. On a tenté d'en enlever quelques lambeaux de phrase : le lot d'oléats, la tête sans cervelle ni menton etc. et... mais on vous châtrait sans profit. Le ton général aurait fait bondir. Vous penserez bien que la résolution de vous supprimer, hier, a été très

pénible à prendre mais nous
y étions contraints étant
donnée la mauvaise humeur
que causent déjà nos réserves
de ces derniers jours.

Voilà l'histoire ! J'en
suis très contrarié. Donnez
nous ce que vous voudrez en
échange.

Bien à vous,

Camille Farcy

À propos de l'article
intitulé « Les Funérailles » sur
Gambetta.

GAZETTE BIBLIOGRAPHIQUE

INSTITUT. — SOCIÉTÉS SAVANTES

INSTITUT

ACADÉMIE FRANÇAISE.

La séance publique des cinq Academies aura lieu, comme avant le décret du 14 avril 1855, qui l'avait fixée au 15 août, le 25 octobre prochain, jour anniversaire de l'organisation de l'Institut, conformément à la délibération prise par l'Institut le 19 juillet 1848. Cette cérémonie sera présidée par M. Heuzey, président de l'Académie des inscriptions et belles-lettres. M. Cherbuliez, de l'Académie des sciences, fera une intéressante lecture.

ACADÉMIE DES INSCRIPTIONS ET BELLES-LETTRES.

Séance du 20 juillet.

Ouvrages présentés. — *Revue des antiquités africaines.*

Lectures. — Bréal : La force du mécanisme grammatical. — Revilloud : L'étalon d'argent et l'étalon de cuivre de l'Égypte. — Schlumberger : Description de cinq sceaux byzantins.

Séance du 27 juillet.

Ouvrages présentés. — Clermont-Ganneau : *Épigraphes des ossuaires juifs trouvés aux environs de Jérusalem.* — Tamizey de Larroque : *Les guerres du règne de Louis XIII.* — Schmidt : *Notice sur un manuscrit du v*e* siècle, qui, jadis, a fait partie de la bibliothèque de Strasbourg.* — Schlumberger : *Œuvres de Longpérier, t. III.*

Lectures. — V. Guérin : Les populations diverses du Liban. — Saladin : Résultats d'une mission en Tunisie.

Séance du 3 août.

Ouvrages présentés. — Reinach : *Observations sur la chronologie de quelques archontes athéniens postérieurs à la 120*e* olympiade.* — D'Arbois de Jubainville : *Essai d'un catalogue de la littérature épique de l'Irlande.* — Beautemps-Beaupré : *Coutumes d'Anjou et du Maine, t. IV.* — De Maulde : *Jeanne de France.* — Finot : *Inventaire sommaire des archives communales de la ville de Comines, antérieures à 1789.*

Lecture. — Benlœw : Les noms géographiques en *andos, ando* et *anda* des environs de Trébizonde.

Séance du 10 août.

La presque totalité de la séance a été prise par un comité secret dans lequel M. Dumont a lu le rapport de la commission spéciale sur les travaux des Écoles françaises archéologiques d'Athènes et de Rome.

Séance du 17 août.

Lectures. — Maspéro : Compte rendu de ses travaux en Égypte. — Robion : *Le système chronologique de M. Lieblein sur les trois premières dynasties du nouvel empire égyptien et le synchronisme égyptien de l'exode.*

ACADÉMIE DES SCIENCES MORALES ET POLITIQUES.

Séance du 21 juillet.

Ouvrage présenté. — Fahibeck : *La royauté et le droit royal francs, durant la première période de l'existence du royaume.*

Lecture. — Lagneau : L'immigration en France.

Séance du 28 juillet.

Ouvrages présentés. — C. Re : *Statuts municipaux de Rome au XIV*e* siècle.* — Nourrisson : *Machiavel et les classiques anciens.* — Clamageran : *L'Algérie, impressions de voyage.* — M*me* Serena : *Hommes et choses en Perse.* — Cotteau : *De Paris au Japon à travers la Sibérie.*

Lectures. — Lagneau : L'immigration. — Ravaisson : La croyance des anciens à la vie future.

Séance du 4 août.

Ouvrages présentés. — F. et P. Daveste : *Les Constitutions modernes.* — De Sèze : *La responsabilité des propriétaires de navires.* — Esmein : *Notice sur la vie et les travaux de M. Giraud.* — De Rozière : *Bibliographie des œuvres de M. Giraud.* — Liouville : *Abrégé des règles de la profession d'avocat.* — De Vissac : *Un conventionnel du Puy-de-Dôme ; Romme le montagnard.*

Lecture. — Nourrisson : La croyance des anciens à la vie future.

Séance du 11 août.

Lectures. — Franck : Le spiritualisme et la science positive ; Desjardins : Le Congrès de Paris (1856).

Séance du 18 août.

Ouvrage présenté. — Ernouf : *Le droit de juvei-gnerie.*

Lectures. — Desjardins : Le Congrès de Paris. — Baudrillart : Les populations agricoles de la Bretagne.

L'Académie, adoptant les conclusions du rapport de M. Henri Martin, fait au nom de la commission du concours Jean Reynaud, a décerné le prix de cette fondation à M. Perrens, inspecteur général de l'Université, par 21 voix contre 12, données à M. E. Leroy-Beaulieu, et 1 à Mlle Clémence Royer.

La valeur de ce prix est de *dix mille francs*, M. Perrens a été plusieurs fois lauréat de l'Institut, et il publie en ce moment une *Histoire de Florence* qui ne comprend pas moins de dix volumes.

C'est la cinquième fois que le prix Jean Reynaud est décerné depuis sa fondation.

En 1879, l'Académie française l'a décerné à M. Henri de Bornier ; en 1880, l'Académie des inscriptions et belles-lettres, à M. Quicherat ; en 1881, l'Académie des sciences, à M. Henri Sainte-Claire Deville ; en 1882, l'Académie des beaux-arts, à M. Daumet ; en 1883, l'Académie des sciences morales et politiques, à M. Perrens.

BIBLIOTHÈQUES PUBLIQUES ET PRIVÉES

M. Barbou, sous-bibliothécaire à la bibliothèque Sainte-Geneviève, est nommé bibliothécaire, en remplacement de M. Mongin, décédé.

Dans le journal *la France*, Jules Vallès qui a longtemps vécu à Londres, fait le tableau suivant du British Museum :

« Les garçons de la bibliothèque Richelieu ont un uniforme, une tunique à boutons de métal, un gilet rouge, un chapeau à cornes ; il y a, je crois, des caporaux et un sergent. Partout la griffe de Napoléon Ier a laissé sa trace, et il faut qu'on sente la caserne même dans le musée des lettres.

« A Londres, ce sont des employés vêtus en civil qui font le service de la distribution des livres. Il me semble qu'une bibliothèque est le dernier endroit où l'on devrait voir une coiffure militaire et des plaques de drap rouge sur les poitrines. Les Anglais se sont bien gardés de ce ridicule et ont laissé aux *horse-guards* les chiffons couleur de sang.

« En revanche, il y a des roses piquées aux boutonnières ; ils se fleurissent comme s'ils étaient de noce, et parfois le volume qu'ils vous apportent sent la fleur de saison. En France, on trouverait cet afficheur de bouquet indigne de sa fonction sévère, il en resterait une odeur mauvaise sur son dossier, ses chefs lui en voudraient d'avoir paru un insouciant au lieu d'être un immatriculé, et d'avoir, sans ordres, acheté et arboré trois œillets ou une touffe de réséda.

« Les hommes du British Museum n'en sont pas plus frivoles et plus printaniers d'allure pour cela. Ils portent leur bouquet comme ils porteraient une pierre, et le parfum qui leur chatouille le nez ne leur déride pas le front et ne leur décloue pas les lèvres.

« Ils font la besogne gravement et lourdement, mais sûrement et correctement. Il ne va pas vite, le distributeur de volumes, mais il va toujours.

« Et sa corvée dure de neuf heures du matin à sept heures du soir !

« Car la bibliothèque anglaise ouvre une heure plus tôt et ferme une heure plus tard que la bibliothèque française, par ces jours d'été. Il est même question de donner aux lecteurs soixante minutes de plus l'an prochain !

« Il y a de quoi en rougir pour son pays.

« Comment ! nous, la nation lettrée, qui nous vantons d'avoir des grands siècles et de tenir le flambeau en avant de la légion sacrée des écrivains, nous voilà au-dessous de Londres, accusés de n'aimer que l'argent et de mépriser le talent et la gloire !

« N'est-ce point une honte que l'on ne laisse entrer les citoyens dans le pays des livres que comme si on leur faisait une grâce ou un cadeau.

« Mais celui qui est pris de dix à quatre, à cinq, à six, par son emploi, quand profitera-t-il des richesses littéraires amassées au prix de sa contribution, dans la balance du budget ?

« Une bibliothèque devrait être jour et nuit à la disposition des lecteurs.

« Tout au moins, ne faudrait-il pas se laisser dépasser et humilier par les Anglais ! — quitte à payer l'équipe plus cher !

« Je ne demande pas plus de travail pour la même somme, déjà dérisoire, mais qu'on solde les heures en plus ; — dépense maigre, récolte grasse.

« Après tout, les privilégiés seuls peuvent profiter de ce bien dit national, et il n'y a que ceux qui chôment ou qui ont des rentes, ou dont c'est l'unique métier d'écrire, qui ont le loisir de tenir ces séances d'après-midi, entre le déjeuner au petit pain dans la salle et le dîner chez soi, avant lequel il y a deux heures à assassiner !

« Disons en passant que le British Museum a son buffet dans la maison, qu'on y trouve à prix ordinaire une tasse de chocolat fumante, une côtelette grillée, du café pour se réveiller, de la limonade pour se rafraîchir.

« Ce serait donc bien difficile d'avoir un coin semblable dans la bibliothèque de Paris, où l'on est obligé de rester avec la faim dans le ventre, sous peine de perdre le fil de ses idées et peut-être les feuillets de son manuscrit, si l'on a l'imprudence de sortir pour aller chercher au diable une nourriture que l'animal lisant devrait avoir dans la ménagerie !

« On a parlé du danger d'incendie, avec l'éclairage du soir.

« Mais l'électricité n'a pas été faite pour les chiens !

« Le British Museum allume ses lampes en plein midi, quand le brouillard entre comme un fantôme dans la salle et veut couvrir tout de son suaire gris. Dans la saison d'hiver on voit clair aussi, grâce à cette expansion de lumière sans flamme, et celui qui est apte au travail peut passer là des journées qui valent des semaines, vu leur longueur de dix heures.

« Du reste, toutes ces frayeurs à propos du feu, comme toutes les réflexions lâchées sur ce sujet, ne sont que les échos de la tradition *étatiste*, à la fois orgueilleuse et fainéante !

« Il faudra pourtant bien que Paris n'ait pas à rougir éternellement devant Londres ; un jour viendra où l'opinion publique mettra sa main entre la porte et les gonds, sans que l'on ose l'écraser !

« Il s'agit de préparer ce moment, chacun dans la mesure de ce qu'il peut et de ce qu'il sait. Quiconque a fréquenté le British Museum s'étonne de la situation dans laquelle s'entête et s'attarde notre Bibliothèque nationale.

« Ne parlons pas d'une révolution à faire. Mais il est telles réformes de détail qui devraient depuis longtemps être accomplies.

« J'ai sur une table, autour de moi, des volumes que je n'ai eu qu'à choisir tout à l'heure parmi les *reference-books*, sans avoir à consulter les volumes du catalogue ni à rédiger un bulletin. On sait l'avantage de ces prises de possession soudaines.

« Pourquoi n'élargit-on pas le rayon ? Qui empêche d'agrandir ce département ?

« Pourquoi, d'un autre côté, ne pas accepter un système de catalogue qui ne condamne plus les bibliothécaires à être de simples machines à écrire et à chiffrer ?

« Le bibliothécaire anglais, le lettré, qui a l'honneur de siéger au centre, n'est pas rivé à cette besogne, dont s'acquitterait aussi bien un garçon en gilet rouge, puisque gilet rouge il y a.

« Il se contente d'éclairer les indécis ou les ignorants dans leurs recherches à travers les glorieuses catacombes ; il ne griffonne pas, il dirige ; ce n'est pas un marin, c'est une tête, un catalogue d'idées, et non une vis, une manivelle.

« Je regrette pour les bibliothécaires de Paris ce rôle d'estampeur banal.

« Le lecteur devrait-il, pour son compte, être obligé de leur faire tâter de l'œil son stock de livres ou de manuscrits, comme à la douane, quel métier de suspects pour les uns et de gabelous pour les autres ! Sans garantie vraie ! Là, si l'on voulait voler, on cacherait le vol sans peine et sans péril.

« Formalités sottes, précautions vaines !

« Si je néglige ces détails et veux regarder de plus haut, cette fois encore, je suis humilié plus douloureusement encore au nom de la patrie.

« Celui qui veut fouiller l'histoire de nos révolutions, trier les cendres des guerres civiles, filtrer leur sang, trouvera ici plus de traces de ces luttes que dans les galeries de la rue Richelieu, et sur le théâtre même des batailles.

« J'ai pu vivre en pleine terre nationale pendant neuf ans d'exil, grâce à ce grenier tout plein de notre blé, tout bourré de livres sentant notre bitume et notre poudre. C'est un contrepoids à la Bible, cette Bible que n'avaient pas les vaincus de nos guerres civiles.

« Ils profitent d'elle pourtant, ces impies !

« Devant l'encellulement et dans le silence de ce British Museum, le Français se sent triste et comme épouvanté. Mais cette paix morne ne nuit pas au travail : il est plus vrai de dire qu'elle l'encourage et qu'elle l'impose.

« En ce milieu nu et triste, la pensée naît et grandit, triste et nue, elle aussi — nue comme la vérité, triste comme la misère !

« C'est la Bible qui a répandu autour d'elle ces habitudes d'isolement et de silence, comme c'est elle qui a inspiré l'architecture des maisons isolées et noires, dans lesquelles on est condamné à se recueillir, si l'on ne veut mourir du spleen, et celui qui pioche les sujets graves n'en creuse que plus profond le terrain de l'histoire, en cette atmosphère de mélancolie et de méditation !

« Ville morte au plaisir et ouverte au travail ! !

« Le malheur est que ceux qui croient en Dieu n'ont pas besoin de conclure et attendent tout de la Providence : voilà pourquoi l'esprit anglais ne sait pas classer ni déduire, voilà pourquoi mes voisins de la bibliothèque anglaise, tout en bûchant plus qu'on ne bûche chez nous, ne feront pas sortir du sol des idées nettes et claires. Leurs pensées flottent dans le brouillard, leur soleil s'y noie !

« Il faudrait mêler le génie des deux races ! Au lieu de cela, elles se haïssent et parlent parfois de s'égorger !

« JULES VALLÈS. »

P.-S. — On m'apprend à l'instant que les administrateurs du British Museum ont résolu de demander au gouvernement de garder la bibliothèque et même le département des collections rares ouverts jusqu'à DIX HEURES DU SOIR. Dès cet hiver, on ne fermera qu'à huit heures.

J. V.

M. Joret, professeur à la faculté des lettres d'Aix, vient de faire paraître à la librairie Champion la *Correspondance inédite de Louis-Auguste de Bourbon, duc du Maine, avec Lamoignon de Basville, intendant du Languedoc* (1709-1716). — Cette correspondance est tirée d'un manuscrit de la bibliothèque Méjanes et offre un très grand intérêt pour l'histoire des dernières années de l'administration de ce célèbre intendant du XVIIIe siècle, qu'on avait surnommé le missionnaire irrésistible.

M. Joret reproduit trente-neuf lettres ou billets du duc du Maine; il y a joint des notices sur ce prince, sur Basville et sur les événements auxquels cette correspondance est relative.

On vient de mettre en vente, à Berlin, les derniers suppléments du *Moniteur des Dates* d'Édouard-Marie Œttinger. Nous avons là un monument de l'assiduité allemande, avec un titre français choisi par l'auteur pour faciliter la vente d'un livre qui renferme au complet les actes de l'humanité. Œttinger, mort depuis dix ans, était né à Breslau dans une famille primitivement opulente mais ruinée par la guerre. Il débuta dans le genre satirique, rédigea plusieurs journaux charivariques et finit par s'établir dans un village près de Dresde, où il est mort en 1872. Après avoir chanté Bacchus et l'amour, il prit pour sujets de romans historiques Robespierre et Napoléon, le roi Jérôme et Catherine de Russie, Rossini et Jean Strauss, après quoi il employa tout ce qu'il lui restait de forces à la compilation de deux dictionnaires très utiles : La *Bibliographie biographique* et le *Moniteur des Dates*. Ce dernier, qui contient une infinité de renseignements exacts, a été continué et achevé par Hugo Schramm.

On écrit d'Allemagne à la *Bibliothèque universelle* :

« A mesure que le centenaire de Luther approche, les publications auxquelles donne lieu le jubilé augmentent aux étalages et dans les catalogues des libraires. Aux amateurs, il vient d'être fourni un guide dans le labyrinthe de cette forêt où la spéculation et l'industrie se rencontrent avec les élans enthousiastes de disciples sincères. Voici d'abord la publication illustrée de Gustave Konig, avec de nombreuses gravures expliquées par des passages tirés de la plus ancienne biographie de Luther, celle de Jean Mathésius, l'ami personnel du réformateur. Parmi les biographes modernes, le plus remarquable, Jules Kostlin, vient de remanier son ouvrage, en laissant la partie critique, et il le donne sous la forme d'une publication illustrée à l'usage des familles. Guillaume Rein en a écrit une à l'usage des adolescents. Ch. Burck a fait la sienne en vue des lycées; le professeur Plitt, de l'université d'Erlangen, en vue des étudiants et des adultes. Enders prépare une édition à bas prix des œuvres de Luther, et la collection des bibliophiles de Velhagen et Klasing publie un choix des écrits polémiques du réformateur. »

PUBLICATIONS ANNONCÉES
OU EN PRÉPARATION

On sait qu'il existe au ministère de l'instruction publique un comité qui préside à l'impression des documents inédits relatifs à l'histoire de France.

Parmi les ouvrages que ce comité fait imprimer en ce moment, nous citerons :

Les lettres de Mazarin;

Les lettres de Catherine de Médicis;

La correspondance de Jean Chapelain;

Les archives de l'Hôtel-Dieu de Paris.

Les mémoires des intendants sur l'état des généralités, dressés pour l'instruction du duc de Bourgogne;

Le recueil des diplômes militaires et le compte des bâtiments du roi.

Les ordonnances des rois de France.

L'Académie des sciences morales et politiques vient de prendre, avec l'approbation du gouvernement, une résolution importante, qui contribuera au progrès des études historiques et judiciaires.

Elle va continuer la collection des ordonnances des rois de France, commencée au XVIIIe siècle, reprise en 1805 par l'Académie des inscriptions et belles-lettres, et arrêtée depuis trente ans à la fin du règne de Louis XII.

Cette résolution a été prise à la suite de la lecture d'un mémoire dans lequel M. Aucoc exposait l'état des collections de la législation antérieure à 1789, et faisait ressortir leurs lacunes pour les actes des XVIe, XVIIe et XVIIIe siècles. Si l'on rapproche la multitude des documents officiels contenus dans les dépôts publics, et particulièrement dans les archives nationales, et le petit nombre des volumes qui renferment, dans

LE TABLEAU DE PARIS

PAR

Jules VALLÈS

I

Gil Blas

1882.

LE TABLEAU DE PARIS

Préface

Il y a juste un siècle que Mercier publia le livre qui fit pendant, comme œuvre d'action, à l'Encyclopédie des philosophes.

Dans le cours de ces cent années, le vaisseau de la grande ville a été battu par des tempêtes qui n'ont pas seulement troublé et empli de morts le flot de la Seine, mais qui ont fait tressaillir le monde à travers les océans.

Ce vaisseau-là avait embarqué à son bord le berceau de la République. De tous les coins de l'Europe, les rois firent feu ; ceux-là mêmes qui étaient chargés de défendre la fille de la Révolution voulurent la tuer. L'aigle de l'Empire vint, après le pigeon de sacristie, se poser par deux fois sur le front ensanglanté de la Cité trahie et vaincue !

Les républicains entêtés et héroïques n'amenèrent pas leur pavillon. Il flotte aujourd'hui au haut du mât.

26 Janvier 1882

Mais c'est un monde nouveau qui es.
sorti de ces luttes ! Les Parisiens de Mer
cier ne se doutaient pas qu'avant dix ans
ils donneraient, pour dernière couronne à
Louis XVI, le rond de la guillotine; qu'un
jour les royaux reculeraient devant un
bataillon en sabots ! On riait du rire de
Voltaire, on écoutait le *Vicaire savoyard*
de Rousseau. Voilà tout d'un coup la *Car-*
magnole, la *Marseillaise : Aux armes, ci-*
toyens ! — Après cela, le grognement du
canon de Bonaparte ; puis, de nouveau,
des cantiques ; — 1830 : les Messéniennes;
— 1848 : le *Chant des Ouvriers* de Pierre
Dupont ; — une nuit, le chant de pègre
du Deux-Décembre ; — pendant dix-huit
ans, le bourdonnement d'abeilles engluées
dans la boue et le sang !... — Voici la
voix des uhlans !... le sanglot du siège !
d'où sort le cri sombre de la guerre civile !

Une ville qui a sur le dos cette giberne
déchirée, qui a porté ce sac de misères
poudreux et lacéré, et qui s'est retrouvée
avec le vieux cri gaulois aux lèvres et le
cœur en haut, cette ville-là est la fille du Paris qui devait voir 89 et 93. Mais le coup de
pouce de l'histoire a pétri autrement son
masque et a fait marque neuve dans la
cervelle et dans le cœur. Tout a été bouleversé et déplacé sur le champ de bataille.

La misère, la richesse , le travail, la
gloire , l'autorité, Dieu , tout cela ne
marche plus dans les mêmes souliers,
n'est plus monté sur les mêmes échasses,
on ne s'égosille plus sur les mêmes bornes,
on ne s'agenouille plus dans les mêmes
sacristies ; les uns ont pris la place des
autres, les premiers ont été les derniers;

les chapeaux ont changé de têtes, — les idées aussi !

C'est toute une société nouvelle qui a sauté en scène, avec un tas d'aventuriers bizarres, de blessés inattendus, de riches qui, hier, avaient la souquenille des pauvres, de défroqués de toute sorte, d'ambitieux, aveugles ou borgnes...

Le *Tableau de Paris* est à refaire !

M. Edmond Texier s'y est essayé déjà. Mais c'est en 1851 que fut commencée l'œuvre. Il y avait dans l'air la menace du coup d'État ; il y eut bientôt la terreur, le silence ! Le cri de l'ironie ou de la passion était couvert par les jurons des soldats, sur le tambour desquels le traître venait de jouer aux dés la vie de la République, et qui avaient passé aux censeurs le bout tordu de leur baïonnette.

Ce *Tableau de Paris* ne montra guère que la façade de la ville, sans la maison de Sallandrouze trouée, sans la barricade de la rue Sainte-Marguerite, teinte de sang.

Du reste, l'esprit nouveau n'avait pas encore jailli des entrailles de la France, torturée par ses couches politiques.

En 1851, la littérature et l'art en étaient encore à Gavarni et aux propos de Vireloque, aux débardeurs de l'Opéra et aux chiffonniers philosophes ; Prudhomme régnait et Paturot arrivait en lumière ; Cham et Daumier échevelaient en riant le casque de nuit ou le bonnet à poil des bourgeois ; Proudhon passait pour un scélérat ou pour un fou dans ce temps-là.

Aujourd'hui, la bourgeoisie ne fait plus

rire ; les bonnets à poil, devenus des sha-
kos de combattants, ont été roussis par le
feu noir des deux sièges, et le bonnet de
coton de Prudhomme a été trempé comme
une éponge par les larmes des cotonniers de
Rouen qui allaient en bandes, l'hiver, vous
souvenez-vous ? maudissant l'Amérique
qui les ruinait et demandant la charité
par les chemins ! Proudhon, le bandit, est
mort ; mais le chapeau des ennemis mêmes
se leva devant la tombe de ce grand dignitaire de la pensée humaine ; les penseurs
s'inclinent tous maintenant devant son
honnèteté, son génie et sa gloire.

On était, il y a trente et un ans, en face
d'un monde qui ne se voyait pas mourir,
et dont la sérénité bête faisait rire — tandis
que, maintenant, il y a toute une classe
qui agonise, mais dont le malheur fait réfléchir, sinon pleurer, une génération qui
a appris à méditer dans la bataille.

Le bourgeois avait la vanité bouffonne
des parvenus. Les inquiétudes et les luttes l'ont mis à bas. C'est Cabrion qui désormais attrape la croix et la fortune derrière Cabanel ou Carolus Duran. C'est le
propriétaire du *Pilon d'argent* ou du *Ciron
d'or*, qui va au clou porter sa montre ou
ses marchandises et qui montre le poing
au *Louvre* ou au *Bon Marché*, dont la concurrence l'affame et parfois l'oblige à
prendre l'arme des suicidés.

Le conscrit de lettres, qui vivait de
croûtes, ne voudrait pas maintenant de la
paye d'un colonel, et les chroniqueurs achè-
tent des terrains et jouent à la Bourse.

L'ironie va changer de meurtrière et
s'embusquer dans la boutique, pour tirer
sur les irréguliers ventrus et décorés.

Il a passé de l'eau et du sang sous le

pour depuis Gavarni et Louis Reybaud !

Un autre livre sur Paris, rédigé par les plus célèbres et patronné par Victor Hugo, est arrivé à date heureuse au lieu d'arriver à date sombre : l'année de l'Exposition devait compter dans les annales du siècle.

Mais le *Paris-Guide* s'en tenait trop à l'histoire des Académies, des écoles, des monuments. On ne regardait guère que les hauteurs, on ne rôdait qu'autour des maisons qui avaient une tradition ou une légende ; on ne plongeait pas les mains dans l'humus nouveau, fumier où grouillait la vie moderne, que Courbet n'hésitait pas à éparpiller en notes paysannes et pauvres sur ses toiles, où de Goncourt plantait jusqu'au ventre les jambes de Germinie Lacerteux, où Zola allait ramasser les côtes de melon pourries, les noyaux de prunes mangées, et les litres cassés dans les mains d'ivrognes, qu'avait jetés pour les balayeurs le père Colombe.

Il n'y a pas que ces coins à fouiller, bien sûr, mais il ne faut pas en avoir peur, et un livre qui raconte Paris doit emboîter le pas aux vices, aux misères, aux soi-disant crimes du peuple aussi bien qu'aux vertus souvent féroces et aux crimes dorés des illustres ou des riches.

Il ne s'agit plus de philosophasser.

Le temps de la philosophasserie est passé. Celui de la photographie est venu.

Il s'agit de peindre la ville comme elle est, et de la mouler avec ses bosses et ses creux, ses reliefs de chair et de bois, sans trier les glorieux et les parias. Le buste d'un boursier vaut celui d'un poète, dans le miroir où doit être fixé le portrait d'une

generation ; il faut voir la veste grise du
condamné comme la toge noire de l'avocat,
Pétillon à côté de Bellac, Giboyer près de
Pédeloup, Colombine près de Jean Hiroux,
et ne pas s'en tenir aux faces convenues
des types antiques ; ne pas faire tous les
usuriers comme Gobseck, tous les jésuites
comme Rodin, tous les pharmaciens comme
Hormais, tous les cocus comme Bovary.
Les neveux et les fils de ces gens-là ont
jeté la défroque avunculaire et paternelle
par-dessus les moulins ou les barricades.

Le peintre doit savoir les placer dans la
pose vivante et vraie.

On essayera de mettre la vérité et la vie.
J'ai rêvé cette œuvre depuis vingt ans.

J'aime ce Paris, de toute la reconnais
sance de mes douleurs. J'y ai tant com
battu et tant souffert, sur ce pavé !

J'ai de la peau de moi collée aux cloi
sons de garnis et aux pierres des rues. J'ai
coudoyé la pauvreté, l'honneur, le vice, la
gloire ; les hasards de l'histoire m'ont
mêlé aux grandes tragédies publiques.
Comme tous ceux qui ont vu les grands
combats au soleil, j'ai le respect même
de ce qui m'a heurté et fait saigner.

L'ironie a été souvent ma vivandière
dans le camp des révoltés ; les femmes
aussi mirent quelquefois des lilas dans le
canon chaud du fusil !...

Aussi nous parcourrons le Paris amou
reux et blagueur tout comme le Paris hé
roïque et social, et nous nous promènerons
le rire aux lèvres et la passion au cœur,
à travers les robes roses et les habits de
gala, comme à travers les toges sombres,
les pantalons rouges et les blouses bleues

JULES VALLÈS.

LES BOULEVARDS

I

DE LA BASTILLE AU BOULEVARD MONTMARTRE

Faut-il commencer du côté où fut la prison ou du côté où est l'église ?

Mieux vaut partir, je crois, du pied de cette colonne, mausolée de héros, phare de bronze, autour duquel Paris va tourner toujours, avant de se rendre à une cérémonie solennelle ou de se lancer dans une tragique aventure.

À choisir, plutôt que de descendre dans la ville par les marches de la Madeleine, nous devons préférer, comme premier terrain, celui qui porta le poids de la barricade dont Hugo a transporté dans les *Misérables* la grande roue qui était, là-dessus, comme le carcan de la misère prolétairienne, et arboré le drapeau menaçant, mais honnête, qui saignait dans le ciel.

Il faut prendre le chemin qu'ont pris les événements, la route qu'a suivie le génie de Paris...

2 Février 1882

Il est allé de l'ombre au soleil, des coins noirs aux espaces clairs, du faubourg étouffé et triste au Palais de l'Industrie projetant avec ses lampes électriques la lumière sur le monde, tuant le gaz dans les cages de verre et noyant les-cierges qui agonisent sur les autels!

Le boulevard Beaumarchais, le premier qui s'ouvre devant nous, est calme comme les zones militaires. Il• est trop près du champ de bataille.

Le canon a, par deux fois, rejeté les travailleurs là-bas, du côté des forts où l'on entassait les prisonniers ou que longeaient les vaincus pour s'évader. Haussmann avait fait reculer le peuple en jetant dans les rues neuves le jour et la santé qui ne sont pas faits pour les pauvres. C'est à l'extrémité, et même au delà de la ville, que les ouvriers transportèrent leur vie douloureuse et sombre.

Quant au commerce, il végéterait là, trop loin du centre. La veine qui charrie l'argent doit être plus près du cœur.

Aussi, de ce côté, n'y a-t-il que la paix et le silence, avec des boutiques ressemblant à celles de province, où l'on vend de la musique ou des curiosités, avec des appartements aménagés pour les rentiers, faits pour les sages.

Pour avoir la curiosité égratignée ou l'âme émue, il faut arriver au Château-d'Eau. On y voit des maisons qui sont blanches parce qu'on a dû les maquiller après d'affreuses blessures. Elles ont les pieds dans la terre rouge et qui sent encore la poudre. C'est là que fut, en 71, une barricade plus haute que celles du faubourg

Antoine en juin 48, et où toutes les pierres furent couvertes par des cadavres. C'est là que Delescluze vint mourir au soleil couchant.

Cela s'appelait autrefois le *boulevard du Crime*, parce qu'il y avait, côte à côte, des théâtres où, tous les soirs, on brassait des empoisonnements et des assassinats.

Mais du jour où il y avait eu un vrai cinquième acte, des tragédies publiques jouées avec des fusils chargés à balle et qui tuaient les acteurs, depuis les insurrections où des bataillons de rebelles s'étaient rangés, drapeau au centre, en face des régiments de réguliers, le boulevard du Crime était condamné à mourir d'anémie près de révoltés si vivants que le coup de grâce avait à peine pu les achever.

Le malheur est, qu'autour de ces théâtres mis à bas, vivait tout un monde pittoresque et gai comme un campement de vivandières ou une récréation d'enfants de troupe jouant avec des oranges, près des artilleurs empilant des boulets. La *Valence ! la Valence !* Et les chandelles à faux-cols rouges !

Aujourd'hui encore, le soir, autour de l'Ambigu, devant la Porte-Saint-Martin et la Renaissance, il y a les marchandes de mandarines, de sucres d'orge, et des glaces dont les gamins se pommadent ou se poissent la langue. Mais les dégelées des guerres civiles n'ont pas seulement tué de la graine de peuple, elles ont encore brûlé de sa fleur, et je ne retrouve plus autour des éventaires, la blague et la gaieté du gamin de Paris. Le dernier frère de Gavroche a été, en 1871, atteint comme son aîné, par les coups de feu de la ba-

taille ; il a perdu le rire, en tout cas ! Il
rôde, banal, dans le quartier où le Grand
prévôt tint ses assises, à la caserne, il y
a onze ans.

Nous ne pouvons pas nous détacher de
l'histoire. Elle a pincé le gamin par l'o-
reille et l'a entraîné, par ses cheveux
blonds, tout comme les hommes, dans le
tourbillon des faits.

Il faut bien le savoir et se le tenir pour
dit, et avoir sa conviction faite, en entre-
prenant le voyage, la génération parisienne
a gardé jusque dans la personne des petits et des innocents, le frisson ou la marque de trente ans de lutte sociale ! Tout
ce que peut faire le peintre, c'est de pro-
mettre l'impartialité.

Je la promets, m'engageant à jeter, tels
qu'ils sont, sur la toile, les personnages
forts ou faibles, vieux ou jeunes, qui se
meuvent dans le décor immense de Paris,
— ce décor bousculé et même roussi par
endroits, aux heures de tempête !

Voici la Porte-Saint-Martin, la Porte-
Saint-Denis.

Je retrouve le fameux nègre aux culottes d'or avec le cadran dans le ventre. Mais je ne retrouve plus ceux que
Paul de Kock croquait, du haut de sa fenêtre, M. Baisemon et M. Beauminet, les
beaux cocus, les fausses pucelles, tout ce
monde de naïfs et de grotesques qui allait
faire le repas de noces chez Deffieux,
ou prenait avec Bidault, chargé de veiller sur le panier, l'omnibus qui menait à
Romainville. Là, les filles montraient
sans le vouloir leur *capital*, et des soleils
de feu d'artifice éclairaient des lunes
d'aïeules, bousculées dans l'obscurité
par des erreurs de célibataires en go-

guette...

C'est dans ce rayon que s'agitaient les héros et les héroïnes de ses livres tout gros de belle humeur ! Mais on a chanté *les Lampions* sous la porte Saint-Denis, on a crié : Vive Barbès ! — puis : Vive Poléon ! — puis : A bas Bonaparte ! — A bas Trochu !

Les boutiquiers du voisinage ne vendaient guère par ces soirées de clubs en plein vent. On fermait les volets au bruit du rappel. Il fallait payer tout de même son terme — les échéances étaient là, le lendemain du siège tout comme la veille !

Il y a eu bien des ruines, sinon en plein boulevard où l'on était riche, tout au moins dans les rues qui y aboutissent, et dont on a senti la misère ! Aussi, la gaîté s'est endormie et l'on n'ose plus s'amuser dans ce coin où le romancier bourgeois barbouillait de farine et de mélasse, de blagues et de farces la bourgeoisie, qui, alors, n'avait qu'à se laisser vivre, et qui, maintenant, n'a plus qu'à se laisser mourir !

Les maisons qui gagnaient leurs six mille de rentes en vingt ans et dont les patrons pouvaient, avec cela, aller planter leurs choux à Saint-Mandé ; ces maisons crèvent la faim maintenant. Les employés en pantalon à la hussarde, en chemise à jabot, ou en habit à la française, où sont-ils ?

Ils ont à peine le sou pour acheter une culotte décente, et ils se disent—élèves-épiciers, merciers, horlogers ou passementiers — qu'ils auront à bûcher dur et à ne pas *Pauldekokolatrer* souvent, pour pouvoir. le jour où ils prendront un fonds, tenir contre Potin et ses cinquante voitures, contre Boucicaut et ses quatre-vingts chevaux.

Le boulevard Saint-Denis et le boulevard Saint-Martin ont été, pendant quelque temps, la terre classique du petit commerce heureux, des détaillants chanceux, maîtres de la fortune et même des destinées de la France.

C'est maintenant le grand magasin qui occupe le bas des larges immeubles, hangars luxueux, bazars à mines de caravansérails.

Ils sont partis, presque à la cloche de bois, avec leur femme qui tenait la caisse depuis leur mariage et la bonne qui était venue de son pays et qui suivait ses gages. Ils ont emporté avec eux — Dieu sait où ! — l'originalité de ce quartier de Paris.

Le boulevard Poissonnière n'a pas grande figure non plus, hautes bâtisses, boutiques vastes, mais une maison, qui porte le n° 25, mérite qu'on s'arrête devant elle. N'est-ce pas celle qui, en décembre 1851, fut trouée par le canon, fouillée par les soldats, et dont le mur est resté, pendant le règne de Napoléon III, comme une grande affiche sur laquelle les balles avaient écrit ineffaçablement l'histoire de l'assassinat !

JULES VALLÈS.

Les Boulevards

II

BOULEVARD MONTMARTRE

Voici le torrent !

Le boulevard Montmartre est en face, à dix pas, mais pourrons-nous couper le flot ?

Jusqu'à présent, la foule descendait, à peu près tranquille et calme, comme la Saône qui coule, sereine et bleue ; tout d'un coup un trait sombre la balafre, un serpent fauve la sabre : c'est le Rhône hérissé d'écume, échevelé !

Ainsi passent, à travers la ligne des boulevards, la rue et le faubourg Montmartre.

C'est un pêle-mêle de bêtes et d'hommes ! Le refuge a l'air d'un écueil sur lequel la fureur de l'inondation a jeté des naufragés. Le reverbère planté là est comme un mât sans voiles, auquel s'accrochent les matelots que les paquets de mer balayent. Il a vu et il verra, ce reverbère, passer toutes les vertus et toutes les fautes, toutes les forces et toutes les faiblesses, qui sont la gloire ou le malheur de l'humanité !

Elles courent et grouillent, sous ses yeux clignotants, en habit de bourgeois, d'ouvriers, d'enrichi et de parvenu, de décavé et de déclassé !

9 Février 1882

C'est la traînée de fonte vomie par la fournaise, qui ira se figer, vague par vague, dans le moule où le monde coule les bustes de ses grands hommes et les statues de ses idées.

C'est la grande artère de l'humanité.

Oui, dans ce réseau de grosses veines qui se croisent : la rue, le faubourg et le boulevard Montmartre, il y a toute la sève de la santé et tout le virus du mal social, il y a le fer, l'or et la boue !

Les Harveys de la philosophie moderne n'ont qu'à regarder dans ces globules, ils verront comment circulent le travail, la souffrance, le génie, la misère dans le cœur de Paris — ce cœur que les peuples écoutent battre et regardent saigner, car il s'offre aux corps et aux blessures, chaque fois qu'il faut un sacrifice viril pour engraisser le sol d'une pensée nouvelle. On reconnaît la marche de la liberté aux gouttes de pourpre que Paris a semées en chemin.

L'Angleterre a le *Up-roar* du pont de Londres, le piétinement du million d'hommes qui, chaque matin, va s'engouffrer dans la Cité. Mais le bruit est sourd. Les cochers ne jurent point, les hommes ne parlent pas, on n'entend pas une blague, pas un rire — c'est le grincement d'une machine énorme dont les servants sont muets. Ce n'est ni le tapage d'une mêlée, ni le hrouhaha d'une force, ni l'entrain d'un assaut.

Ah ! je reconnais le démon de la patrie ! Il s'agite, et piaffe sur ce macadam de ses orteils griffus chaussés de souliers troués ou des bottines vernies, avec ses besoins d'activité fiévreuse et ses envies de

flânerie féconde, poussant le vas de chair à
l'atelier. au comptoir, au Mont-de-Piété,
à la Banque, du côté de la Chambre ou du
côté de la Morgue !

Enfin nous avons pu faire la trouée et
sauter sur l'autre trottoir. La marée y a
éparpillé, comme les galets sur le bord des
plages, quelques-uns de ceux qui étaient
dans le moutonnement de la rue.
Le plus grand nombre ont continué leur
route. Car c'est un monde limité, un peuple à part qui, ici, a pris possession du
terrain : des journalistes, des boursiers,
des acteurs, mais il n'y a ni les grands de
la Bourse, ni les puissants du journalis-
me, ni les glorieux de la comédie ou du
drame, sauf ceux qui ont là leur caserne,
comme les artistes des Variétés, qui rôdent au café d'en bas ainsi qu'à la cantine.
On ne trouve, sur cette langue de terre,
que la menue monnaie du talent et de la
célébrité, un tas de sous qui ne font pas
une somme, marqués à un millésime dé-
modé. En fondant ce qu'il y a d'originalité dans toutes ces têtes, on n'arriverait
pas à frapper une médaille.
Le café de Madrid a pourtant une réputation presque européenne. Il l'a conquise
sous l'empire. La plume des polémistes
était alors enchaînée, mais la langue des
déjeuneurs ne l'était pas, et les journalistes républicains allaient manger leur côtelette au café de Madrid, pour y dire, entre eux, ce que les lois draconiennes de
la presse leur défendaient de crier au public. On faisait de l'opposition à la sour-
dine, et l'on s'entendait tous, blancs, tricolores et rouges, pour blaguer ou mena-

...er à voix basse.

Le malheur est que le diapason n'a pas été changé, que les distances n'ont pas été réglées à nouveau, ni les amitiés hétéroclites rompues, malgré les coups de sabre de Galliffet dans le nœud gordien, malgré l'acoustique nouvelle qu'a créée le mugissement monotone du canon ; et l'on se trouve en face de camarades, sympathiques toujours, mais que la pourriture d'estaminet a gagnés. Ils ont des pardons inattendus les uns vis-à-vis des autres, au lieu d'avoir « les haines vigoureuses » que Molière prêchait, avant qu'il y eût eu des cours martiales impitoyables et des blessés enterrés vivants !

N'ayant pas la belle maladie des passionnés, ils se sont acoquinés dans une vie d'indulgence commode, d'admiration facile, de conversations sans danger.

Des cœurs larges parfois, des esprits qui furent peut-être hardis, ne sont pas sortis, pendant des années, du cercle tracé par la serviette du garçon. Il leur fallait le *boum* du verseur, même au moment où grondait le « *boum* » de l'artillerie de Montmartre.

On me dit que, pendant les mois terribles de la guerre civile, le café fit autant d'argent qu'aux meilleurs temps de l'Empire !

Aussi la plupart des absinthiers du soir ne sont-ils que les loustics vieillots et les Laramées radoteurs de la grande armée du boulevard. C'est dans ce milieu, où l'on se moque des épiciers et où l'on crie au bourgeois comme au loup, que s'établit la mercuriale des convictions banales, des polémiques veules ; ils n'ont ni armes, ni griffes, ni outils. Il fallait aller aiguiser

tout cela sur la meule que tournent côte
à côte les parias de la misère et les esclaves de la fortune !

Ils n'ont pas pu entendre venir du fond
des faubourgs les bataillons de pieds-nus
en marche, avec de l'espoir plein leurs
faces de pauvres, et passant sur le ventre
de toutes les idoles pour lesquelles le café
a encore des niches.

Ils n'ont pas regardé les millionnaires
d'hier, avec de la honte plein les yeux,
avec les habits éventrés à l'endroit de la
doublure où l'on avait cousu les billets de
banque, et trempés, comme chiffons, de
larmes et de sang !

J'étais là, le jour marqué d'une pierre
noire, où l'on reconnut que les lingots de
l'*Union générale* étaient en plâtre.

A ma droite, un chevelu récitait un
sonnet ; à ma gauche, un chroniqueur demandait un mot de la fin. Il fallut qu'il
entrât un ruiné pour qu'on entendît, dans
un sanglot étouffé, l'écho de l'épouvanta-
ble catastrophe.

Partout ailleurs, des journalistes creu-
saient d'un œil tendu le gouffre ouvert,
et c'était là-dessus que s'acharnaient les
conversations, que s'agenouillait la pensée, comme un chirurgien près d'un blessé.
Mais les Murgéristes et les Baudelairiens
du Madrid avaient gardé leur sérénité.

Les *sédentaires* du boulevard Montmartre en sont là! A la chienlit, les sédentaires et vivent les vivants !

Ceux-là viennent dire ce qu'ils savent,
écouter ce que crient les autres, mais ils
ne s'attardent pas; ils ramassent des munitions, ils en jettent et repartent, pour
aller semer les bruits à tous les bouts du

champ de bataille.

C'est sur ce boulevard Montmartre que s'affichent les joies et que se dresse le poteau des malheurs publics!

Voilà sa face curieuse.

Cela dit, il ne reste qu'à repaître se yeux du spectacle que donnent les passants.

La fabrique des gazettes n'est pas loin. A droite, à gauche ronflent les imprimeries.

Pour aller à leur journal ou quand ils en sortent, les ténors de la politique flânent le long de ces tables. Pour filer à l Chambre ou après la séance, c'est auss par là qu'on revient, et, à de certaines heures, de cinq à sept, on peut coudoyer Hérard ou Clémenceau, Ranc ou Naquet, quelquefois deux ennemis se donnant le bras.

On a signé la trêve entre les colères. C'est une halte dans la lutte. Il n'y a plus de poudre dans l'air : il n'y a que la fumée bleue des cigares.

Les masques tombent et même changent de têtes.

Vous voyez, du côté droit, les solennels du parlementarisme promener des mines de Geoffroy ou de Daubray en vacance, et on les entend blaguer et s'ébaudir.

De l'autre côté, au Suède, les comédiens sont graves. Ce sont les bouffons qu'on prendrait pour les députés.

Pendant un moment il y a là comme une apoplexie de curiosités ; tout le sang vermeil de la ville bout à cette place.

Et de ces contrastes et de ces chocs, de ce milieu tout barbouillé de vices et de vertus, du fond de cette foule bigarrée, sort, tout bien reniflé, un chaud parfum d'ironie et de passion, une belle senteur de terroir français !

JULES VALLÈS.

Les Boulevards.

III

BOULEVARD DES ITALIENS

Boulevard des Italiens! quels souvenirs!

J'ouvre les Iambes de Barbier :

Quant à tous ces beaux fils, aux tricolores flam-
    Au beau linge, au frac élégant, | mes,
Ces hommes en corset, aux visages de femmes,
    Heros du boulevard de Gand,
Que faisaient-ils, tandis qu'à travers la mitraille
    Et sous le sabre détesté,
La grande populace et la sainte canaille
    Se ruaient à l'immortalité?

Le boulevard de Gand, c'est le boulevard des Italiens, impopulaire comme Guizot, et qui ne trompe pas le poète, avec ses drapeaux aux trois couleurs semées de fleurs de lys brodées dans les coins bleus et perdues dans la soie rouge.

Il se souvient qu'on pavoisa de blanc ces maisons-là, le jour où roulèrent sur les pavés les fourgons de l'étranger, et il fouette le nez de ces femmelettes avec les loques des faubouriens!

16 Février 1882

A côté de sa légende d'impopularité, il a, ce boulevard, sa légende d'élégance byronienne et de plaisir effréné.

Mais le temps et les révolutions ont passé par là !

On ne peut plus retrouver, sur la chaussée encroûtée de macadam, les marques que firent les sabots des chevaux cosaques, et les nuits sont loin où l'on versait le champagne, sur la tête de la patrouille grise, par les fenêtres de la Maison d'Or.

La patrouille grise, où est-elle ? Les marquis assez riches ou assez fous pour seringuer la foule avec du Sillery ou du Clicquot, où sont-ils ? Qu'est devenu lord Seymour, l'Arsouille, qui boxait contre les voyous et s'encanaillait à la descente de la Courtille ?

La roue de la fortune a tourné — elle a broyé silencieusement l'aristocratie, comme la roue du moyen-âge la broyait parfois, place de Grève, au soleil levant, devant la foule assemblée.

On n'entend plus, à deux heures du matin, le hoquet des viveurs ivres dont le roman de jadis accoudait les silhouettes blêmies au balcon de Verdier

Le hoquet qu'on entend est, non pas celui de l'orgie blasonnée, mais celui de la vulgaire agonie, — la race se meurt, la race est morte !

Il y a beau temps que les titres de ducs et de barons se troquent, au marché de la Bourse ou à la foire du mariage, contre des titres de rente. C'en est fait des couronnes et des armoiries — elles ont été émiettées ou vendues. Plus d'une s'est encocardée de violettes, quand on a vu se sécher, dans le calice des lis, la dernière goutte de sang royal.

L'aristocratie n'engueule plus les chiffonniers du haut des restaurants où les pêches à quinze sous mordent les pêches à quinze francs. Elle donne la main aux porte-hottes, les jours d'élections. Il y a mieux : quelques-uns des siens, après avoir dégringolé les escaliers à grille d'or jusqu'à la grille d'égoût, ont endossé le cachemire d'osier. Elle a, dit-on, ses représentants à la *Casserole de Saint-Ouen*, le café Riche des Biffins.

En tout cas, le boulevard des Italiens n'est plus le boulevard du royalisme. Ce sont des bonapartistes et des tailleurs qui tiennent le haut du pavé, là où l'on vit jadis passer au galop un marquis qui avait noué la croix d'honneur à la queue de son cheval, et portait, attaché à la selle, un paquet de cordes dont le bout devait s'enrouler au cou de bronze du Napoléon de la place Vendôme.

Il s'appelait de Maubreuil, cet abatteur de Bonaparte.

De Maubreuil, vous souvenez-vous ?

Il reparût, il y a un quinze ans, dans un procès de cour d'assises, Alphonse au chef branlant, qui avait épousé une catin et vivait sur l'argent qu'elle avait gagné. Il mangeait de ce pain-là, le marquis, l'ex-entraîneur de la loge infernale, l'ancien brûleur de punch du Café anglais !

Les enseignes du boulevard flambent aux yeux des provinciaux, dans un nuage de poésie, dans un cadre d'or.

En débarquant à Paris, combien de Rubemprés et de Rastignacs, combien d'ambitieux et de naïfs ont défait précipitamment leur malle, endossé leur habit des dimanches et sont partis pour aller trotter la semelle de leurs bottines sur les dalles de Tortoni !

Ils s'attendaient à voir un escalier comme celui qui menait au bûcher de Sardanapale. Ils ont trébuché contre des marches aussi galeuses que les degrés qui mènent au bureau de tabac dans un trou de village.

C'était ça, Tortoni ?

Mais, au moins, trouveraient-ils peut-être à l'intérieur les héros de leur rêve, peut-être était-ce comme dans les contes des *Mille et une Nuits*, alors qu'il suffit d'écarter le feuillage d'un vieil arbre, de déplacer deux ou trois rochers pelés, pour découvrir l'entrée de la grotte pavée de diamants, ruisselante de feux, où, devant les tables chargées de fleurs et de vins, des bandits de haute mine baisent des gorges de princesses ou de baladines vêtues seulement de leurs cheveux et qu'on déshabille encore pour croiser les races ! Saoûlée par les récits du marquis de Foudras, l'imagination des gens de province, et même celle des Parisiens sans le sou, a peuplé de ces orgies les cabinets des tavernes à grand chic du boulevard des Italiens.

Furent-elles jamais, je n'en sais rien.

En tout cas, il ne reste aujourd'hui qu'à rire de ces *lions* dont on voit le portrait chevelu dans les gravures du temps, qui lèvent en l'air la jambe et la flûte à champagne, qui ont des cravates comme des écharpes et des pantalons comme des jupes, et s'appuient tendrement sur l'épaule de lorettes à ondoyantes et à manches à gigots.

Ces cabarets de princière légende appartiennent maintenant à quiconque, avec un nom bourgeois ou plébéien et de la roture plein les poches, possède cette monnaie de l'esprit qu'on appelle le talent et règle la note avec les lourds écus sonnants qui remplacent les crocodiles empaillés des fils de nobles.

Les manants ont grimpé là-dedans comme ils étaient montés aux Tuileries, ils se sont vautrés sur ces canapés comme ils s'étaient allongés dans le fauteuil du roi.

Donc, c'est dit. Tant pis pour ceux qui dans leur département, du fond de la maison riche ou du castel ruiné croient encore au boulevard des Italiens, dessiné par Gavarni, fréquenté par des rois en exil, des ducs en noce et des infants en goguette.

J'y ai vu Laurier jadis, j'y ai rencontré Scholl hier, j'y trouverai Siraudin ce soir, — peut-être Clémenceau, le puritain.

Si j'y heurte des sangs bleus, c'est qu'ils seront au bras de quelque mécréant, ingénieur, banquier ou journaliste, qui payera le souper et prêtera peut-être quelques louis.

Voilà l'histoire et la psychologie de cette tranche du grand Paris. Elle a été mordue par l'esprit nouveau, tout comme les coins besoigneux et pauvres.

La presse l'a bien compris.

Les journaux marchent, baïonnette en avant, de ce côté. Ils prennent position, comme des sentinelles d'avant-garde, dans ces rez-de-chaussée ou ces entresols qu'occupaient seuls, autrefois, les argentiers et les grands ciseleurs de bronze ou de bijoux. .

En plein boulevard du Gand, à cette même place où se dressait la barrière de la richesse et du préjugé, la République a ses postes de polémistes et d'écrivains, non plus condamnés comme naguère au sombre dépit, mais ayant le droit, sur le terrain conquis, de taquiner le vieux monde et de faire résonner le rire vengeur de la blague gauloise.

JULES VALLÈS.

IY

DU BOULEVARD DES CAPUCINES A LA MADELEINE

Le boulevard des Capucines.

Celui-là a changé aussi.

Pour qu'il puisse passer tel qu'il est, on a dû abattre des rues qui avaient leur physionomie et leur histoire.

Mais il faut se souvenir que c'est entre les dalles d'un de ses trottoirs que fut, en 1848, semée, par une balle lâchée dans le tas, la graine de la Révolution de Février.

Le ministère des affaires étrangères occupait la place où se trouve aujourd'hui la maison Giroux.

C'est devant sa porte que les hommes du peuple tombèrent foudroyés; c'est là que le peuple les ramassa pour les entasser dans un tombereau qui promena, avec les morts, l'agonie de la royauté.

Du haut de cette pile de cadavres, les torches funèbres au poing des faubouriens, les éclairs d'éloquence aux lèvres des tribuns en guenilles, mirent le feu à la colère publique.

Il n'est pas resté trace de la fusillade ni de la marche aux flambeaux.

2 Mars 1882

Le boulevard des Capucines a gardé pour habitants de ses hautes maisons les richissimes des commerces luxueux.

Mais le courant qui passe sur la chaussée roule un monde de bourgeois nouveaux, à qui ne suffit plus l'existence sédentaire derrière le comptoir classique qui a fait la fortune des vieux.

Ce boulevard, grâce au voisinage de l'avenue de l'Opéra, est devenu le rendez-vous des entreprenants et des chercheurs des lanceurs de journaux ou de Compagnies, de tous les remueurs d'idées, de tous les inventeurs de projets hardis.

Arrêtez-vous dix minutes et tendez l'oreille aux propos des passants :

— Le syndicat a décidé... Le directeur a résolu... Nous allons mettre notre feuille en actions... On parle d'une nouvelle ligne de paquebots... Que dites-vous du tunnel sous-marin?... Avez-vous encore vos *Crédit provincial ?...*

Un peu plus loin :

— Je suis nommé ingénieur en second à Suez.... Moi à Panama.... Je pars pour Dreyfus, aux îles de guano.... Je vais à New-York, chez Edison.

Et ceux-là sont des jeunes que je reconnais pour des fils de cette vieille bourgeoisie parisienne qui attendait qu'on vînt à elle et qui, maintenant, « égaille » les siens par tous les chemins.

On parle millions — mais on parle aussi travail. Sous les gants des causeurs on pourrait trouver des traces de brûlures attrapées contre les chaudières ; plus d'une de ces têtes bien peignées se penchait tout à l'heure toute ébouriffée et émue sur un creuset où l'on croyait voir

bouillir le germe d'une invention nouvelle. C'est ici la Bourse aux machines, la
grande foire de l'industrie sur laquelle,
hélas ! se sont rués les charlatans et les
rastaquouères, comme les aventuriers en-
vahirent jadis la Californie quand on y si-
gnala la première pépite d'or. L'avenue
de l'Opéra n'est pas peuplée seulement
d'ingénieurs qui ont la passion et le génie
de leur métier.

Mais c'est au nom de la science qu'on
appelle l'argent de la foule ! C'est un signe des temps, et les comptoirs seront un
jour les succursales de chantiers.

Boulevard de la Madeleine !
Nous voici presque en pays étranger :
De tous côtés, nous voyons passer des
gentlemen en jaquettes jaunes, les reins
creux, les jambes arquées, la face gom-
mée de spleen. De toutes parts des agents
de railways et de steamboats. On se croirait dans une des grandes voies de Londres, bordées de hauts magasins, qui mènent à Buckingham-Palace.

C'est sur le trottoir de gauche, vers
la rue Neuve-Saint-Augustin, qu'on rencontre surtout les fils de la « joyeuse Angleterre » !

De l'autre côté, la rue Basse-du-Rem-
part fait pour ainsi dire honte au *cant* et
à la *respectability* du boulevard. Elle a
l'air de bouder les belles maisons d'en
face en leur montrant l'envers des hôtels
dont les façades orgueilleuses regardent
la rue de Sèze.

A mesure qu'on s'approche de la Madeleine, l'air de luxe et d'élégance s'envole.

On longe des rez-de-chaussée à mine
pauvre, crémeries, bouillons, fruiteries.
On dirait les *communs* du quartier.

Ces petits établissements appartiennent
à des valets de chambre ou des cuisinières
qui ont placé là leurs économies, — comptant sur la clientèle des camarades, de
tous les gens de maison du voisinage. On
heurte, en effet, à chaque pas la domesticité en gilet rouge, en cravate blanche,
voire en costume d'écurie. Ah! cela n'a
pas le même air sain et fort qu'à l'autre
bout, à la gueule du faubourg Antoine!

Heureusement, le Paris vif et libre se
retrouve en tas joyeux autour des omnibus qui apportent et prennent toute une
population qui vient au plaisir ou retourne
au travail.

Du marché aux fleurs de la Madeleine
arrivent des odeurs de prairie et de jardin. Le boulevard devait finir par un
champ de bouquets.

Pas une ville au monde n'offre le spectacle de ces boulevards parisiens, surtout
à certaines heures.

Le soir, quand le gaz s'allume, quand
théâtres, café-concerts, grands bazars,
estaminets dorés ou pauvres, allument
leurs enseignes et leurs candélabres,
quand les fenêtres des grands cercles flambent, quand sur le pavé les traînées d'électricité font comme des rivières d'argent, qui parlera des *a giorno* de Venise
et des illuminations de l'Orient!

A ce même moment la conversation parisienne, elle aussi, prend feu, sur la ligne
boulevardière.

Combien de meurtris par les hasards de
la passion ou les coups de la fortune, parmi les hommes assis devant ces tables ou
rôdant devant les théâtres; mais il n'y
paraît pas sur leur visage, ils se font la
mutuelle aumône, la réciproque politesse

d'un masque d'insouciance et de gaieté. D'ailleurs, la tristesse s'évapore vite dans l'atmosphère et le boulevard semble toujours en fête.

On y parle de ce qui sera écrit demain dans la ribambelle de journaux qui pendent aux vitres des kiosques.

Toute l'actualité frissonne le long de ces tonnelles de verre, bariolées de réclames joyeuses, égayées d'un parapluie rouge qui porte prix de vente comme un écriteau d'aveugle, ou d'une tête ahurie qui mousse sous le blaireau, ou d'une binette à la Lassouche qui appelle le chapelier.

C'est gai à regarder comme une blague de gamin à écouter.

La nuit, cela fait des taches de couleur riche, pourpre et or, sur la route des pauvres qui rentrent mélancoliquement au logis ou choisissent ce beau chemin, pour coucher à la belle étoile !

Dans d'autres capitales, il y a aussi des promenades célèbres où l'on se donne rendez-vous.

Mais on va là à certaines heures pour écouter la belle musique, montrer de belles robes, regarder les grandes élégantes et les grandes impures.

Le boulevard parisien n'a pas, sur son parcours, d'oasis attitrée de *far niente* et de coquetterie. Ce n'est pas là que l'étranger trouvera les étoiles du haut libertinage ou de la beauté. Les femmes de luxe et de paresse ne font que passer. Tout au plus rencontre-t-on, dans l'après-midi, quelque actrice qui sort de la répétition, et court vite de la porte des artistes à sa voiture ; et qu'on retrouvera le soir, emmitouflée et encapuchonnée comme une bourgeoise qui craint les rhumes, rentrant paisiblement entre sa femme de chambre et son mari.

Ce qui caractérise ce boulevard de Paris, ce qui lui donne sa marque, ce qui est son génie, c'est que sa flânerie est active et féconde! On y sent moins la poudre de riz que le salpêtre de la verve française; on y touche en riant à toutes les questions vivantes. On aiguise des idées tout en allumant des cigares.

Ouvert à tous, envahi par les hommes de travail ou de plaisir, sillonné par toutes les passions de la ville, le boulevard a vu sur ses trottoirs se mêler toutes les classes et s'évaporer ainsi dans sa poussière bien des préjugés et des haines.

C'est là que les douleurs et les enthousiasmes se rejoignent et se prennent le bras aux heures d'émotion publique.

Par ce chemin qui va de la Bastille à la Madeleine ont passé toutes les angoisses et les espérances de la patrie, avec le drapeau couronné de lauriers ou cravaté de deuil, — régiments revenant de Crimée ou d'Italie, — soldats à qui l'on criait : A Berlin ! — bataillons qui allaient coiffer d'immortelles la statue de Strasbourg, — légions plébéiennes en vareuse!

Avec ces foules-là, entre les haies des maisons riches, l'idée populaire a passé et les courants se sont confondus : même le courant bleu et le courant rouge, la blouse de l'ouvrier et le pantalon du soldat.

Avez-vous remarqué que l'on ne voyait presque plus, même près du Helder, d'officiers en tenue de combat comme jadis? — et qu'aussi le bourgeron devenait paletot sur les larges épaules ! A peine maintenant se frotte-t-on à des soutanes noires ! Celles qu'on rencontre sout râpées et vont être bientôt jetées aux orties ?

Le grand flot du boulevard a charrié avec lui ces idées de fraternité et ce mépris du ciel.

Il a porté le peuple républicain du côté de l'air et de la lumière, entraînant même dans son inondation pacifique la tribune sociale jusqu'en face de la Chambre des députés.

Grâce à lui peut-être, grâce à son ironie courageuse qui sait égratigner les tyrannies et les injustices, le temps des promenades sombres est passé.

Dans sept ans, nous serons en face de l'anniversaire le plus haut de notre histoire.

Il faudrait que, ce jour-là, partît de la Bastille une colonne d'un million d'hommes, qui se sentiraient les coudes et les cœurs, sans souvenirs de haine et sans rivalité de drapeau, et qui iraient par la grande voie jusqu'au Champ-de-Mars où fut tenue la première fête de la fédération. Ce ne sera plus un champ violé, envahi de temps en temps par les soldats; il sera couvert d'ateliers frissonnants dont la colonne fera le tour, et devant lesquels on chantera une *Marseillaise* nouvelle, composée par quelque boulevardier en l'honneur du grand centenaire de quatre-vingt-neuf !

JULES VALLÈS.

(Les Tranquilles)

I

SAINTE-ANNE

C'est là !

On ose à peine franchir le seuil, car on se rappelle les histoires tragiques racontées par des évadés. Le bruit court que des gens sont entrés, ici, pleins de raison, qu'on a gardés comme fous entre les murs des cabanons. On compte ceux qui sont sortis ; on ne compte pas ceux qui sont restés.

Ces souvenirs donnent froid aux os ; l'on songe avec terreur à cet amas de guenilles humaines qu'on va voir secouées tout à l'heure par le vent affreux de la folie.

Il faut se décider pourtant ; on essuie son front du revers de sa main, on boit une gorgée d'air libre, on reprend haleine et l'on entre.

Nous nous sommes croisés, près de la porte, avec un homme vêtu de bleu qui nous a poliment salués, puis nous a dit :

— Messieurs, je suis le bon Dieu... Vous n'auriez pas une pipe de tabac ?

9 Mars 1882

Le bon Dieu a d'immenses cheveux blonds qui lui tombent au bas des reins et étouffent un visage maigre et pâle surplombé d'un front énorme sous lequel est tapi un œil vert comme une grenouille.

Il bourre sa pipe et reprend, droit devant lui, le chemin du ciel.

Au même instant, nous sommes accostés par un autre sans uniforme qui nous dit être un employé et se charge de nous guider dans la maison.

Après trois pas il s'arrête.

— Le bon Dieu est fou, je suis fou aussi ; messieurs, j'ai bien l'honneur de vous saluer.

Il nous plante là. Nous continuons notre chemin, un peu troublés.

Un bruit.. c'est un canard qui crie, une poule qui glousse, il y a une basse-cour dans un coin.

A droite, sur une palissade, du linge étendu qui sèche, des vestes et des pantalons bleus : c'est le costume dans lequel on enferme ici ce qui survit d'un homme ; chaque insensé laisse tous les jours, là-dedans, un peu de lui-même, chair, sang ou larmes.

De longues allées, des carrés de gazon gris, des brouillards de verdure pâle et des ruisseaux de folle avoine ; des marguerites de quoi faire des couronnes pour bien des Ophélies.

L'air est doux, l'horizon profond ; il y a place pour tous les rêves, pour toutes les visions.

Voici le cabinet du directeur ; point de camisole de force pendue à la muraille, point de gardiens dans les coins ; mais des fleurs sur la cheminée et un pinson qui fait le fou à la fenêtre.

Nous rôdons, curieux et défiants, autour du fonctionnaire ; on dit que la folie se gagne, les têtes se gâtent dans cet air empesté par la fumée qui monte des cerveaux malades, comme les poumons se gâtent à respirer les brouillards d'hiver.

Plus d'un, parmi ceux qui s'étaient chargés de rendre la raison aux autres, a perdu la sienne en chemin.

On cite le docteur M***, heureux, plein de santé et d'avenir, déjà célèbre par ses études sur les aliénés et qui (il n'y a pas vingt ans), monta dans une chambre de Charenton, où il était médecin, prit son rasoir et se coupa la gorge.

Il avait, dit-on, écrit sur un bout de papier : « Je me tue parce que je me sens devenir fou. »

Le directeur de Sainte-Anne n'en est pas là, il est tranquille comme Baptiste, et serein comme un ciel d'été ; il nous fait avec tact et courtoisie les honneurs de son enfer.

Il nous parle d'un événement récent ; une folle s'est tuée ; elle avait vu un jour un homme sous ses fenêtres enjamber un balcon et aller se briser sur le pavé. Il fallut, le lendemain, l'emmener à Sainte-Anne, parce qu'elle voulait aussi sauter dans la rue.

On la surveillait nuit et jour, mais la gardienne s'étant écartée un instant, elle avait profité de cette minute pour ouvrir la croisée et s'élancer. On l'avait ramassée écrasée dans la cour de l'hospice.

— Je vous montrerai le plan tout à l'heure. Si vous voulez, nous allons commencer la visite par le quartier des femmes.

Un coup de sonnette, la porte s'ouvre.

Contre le battant, une créature, qui grelotte sous le soleil, nous frôle et nous regarde, puis va reprendre sa place, accroupie sur une pierre, immobile et muette.

Dans le jardin, quelques robes bleues passent qu'on dirait vides ; quelques-unes rabattues sur des fronts comme une jupe de mendiante endormie, d'autres jetées comme un drap sur un cadavre de noyé.

Deux ou trois viennent à notre rencontre, nous dévisagent d'un œil éteint, puis nous suivent comme des chiens perdus.

Elles marchent sur nos talons jusqu'à la porte d'une salle où l'on travaille, mais elles s'arrêtent là, et on les voit à travers la vitre qui reprennent, avec une gravité de pénitentes, leur promenade tranquille et solitaire.

Quand nous sommes entrés dans la grande pièce, luisante et claire comme un fond de couvent, tout le monde s'est levé, ainsi qu'on se lève au lycée quand arrive une autorité. Le bruit des lèvres qui balbutiaient une question à la sœur, on marmottaient une réponse aux *voix* qu'elles croient entendre ; ce bruit s'est éteint.

Elles se rassoient sur un signe, reprennent leur ouvrage et ajoutent, celle-ci une rose à une guirlande peinte, celle-là un lambeau de toile à une chemise déchirée ou à un caraco déteint.

Il y en a qui ont pris dans la corbeille un bout de ruban, une fleur qu'elles ont plantée dans leurs cheveux, et le médecin n'est pas content ; il a peur des fleurs, ne pardonne pas aux rubans roses.

Il préfère les Cendrillons qui tricotent et cousent, tête baissée ; il aime surtout celles qui ne se plaignent point et ne le contredisent pas, quand il leur affirme qu'elles sont folles.

J'en entendis une — je ne puis croire qu'elle n'avait pas sa tête à elle — qui, pendant qu'il tournait le dos, nous dit :

— Je ne suis pas malade, mais je dis que je le suis pour pouvoir m'en aller plus tôt.

Elle ajouta avec un sourire matois : Je suis Normande ».

Elle portait en effet la coiffe d'Avranches et ses yeux avaient le profond des yeux qui ont regardé la mer.

Toutes n'ont pas ce courage et ne sont pas Normandes.

Il y en a qui se défendent d'être folles à grands cris. Malheur à elles ! Malheur encore, si elles se fâchent avec une gardienne ; elles allaient sortir ; on les garde.

Une petite femme aux traits doux, aux grands yeux tendres, toute mignonne et distinguée, s'est levée d'un coup, a traversé la salle et est venue tirer le médecin par sa manche.

— Monsieur le docteur, il faut me signer ma sortie ; on me demande à l'Académie, il y a assez longtemps que je fais attendre l'Archange Saint-Michel.

C'est une institutrice.

On trouve souvent, dans les maisons d'aliénés, de ces diplômées qu'a grisées une éducation factice, et qui ont abordé des amours, espéré des mariages auxquels leur misère ne devait pas songer.

Usant leurs bas bleus à courir après l'émotion ou la gloire, rêvant aujourd'hui de Clémence Isaure et demain de la Bovary, elles ont eu d'abord le cœur fané et meurtri, puis le mal a monté et elles ont, un matin, redressé dans le brouillard, d'un geste effaré ou mystique, une tête de sainte ou de reine ; elles se sont crues sœur des Borgia ou maîtresse de Jésus-Christ.

Elles pouvaient être de braves femmes d'ouvrier, faisant le soir la lecture aux moutards, devant le mari tout fier de voir la bourgeoise si savante ; elles ont mis les gants de la sous-maîtresse au lieu de prendre le balai de la ménagère ; elles ont aujourd'hui le *manchon* des aliénées !

Il y a même un prince impérial ; une fillette qui se fâche, quand on ne l'appelle pas « Altesse », mais qui travaille comme un ange dès qu'on lui restitue son titre et fait la joie de la lingère, qu'elle prend pour le général Froissard.

Celle-ci m'arrête au coin d'une porte, et me souffle dans l'oreille : « Je suis un homme ! »

Debout contre cette fenêtre, je reconnais une naine idiote qu'on montrait pour deux sous, boulevard du Prince-Eugène, la fille de quelque paillasse abruti. Le père était saoûl, sans doute, le jour où cela vint au monde, et comme les phénomènes étaient chers, il tassa et pétrit cette viande pour la *laponiser*, puis, sur ce qui servait de tête, il dessina de son pouce, rouge de lie, un visage bizarre ; il l'a envoyée à Sainte-Anne quand elle n'a plus fait d'argent à la baraque.

De-ci, de-là, ces statues de chair immobiles, plantées les deux pieds dans le sable ou rivées à une pierre qu'elles usent. Pas un mot depuis qu'on les a posées ici n'est sorti de leurs lèvres clouées et nul n'a pu lire ce qui est écrit, sous leurs paupières baissées, dans des prunelles qui ne bou

gent pas ! Elles s'émietteront sans qu'on
sache le secret de leur silence, ni ce qui
fait leurs yeux si vides !

— Vous n'avez plus rien de nouveau
dans votre quartier ? demande le médecin.

— Rien. Ah ! pardon. Il y a la nouvelle
qui a eu hier un accès de désespoir;
elle a pleuré tout le jour, elle voulait se
tuer.

— Faites-la venir.

Quand cette femme est entrée, toutes se
sont tues, comme si tant de désespoir faisait honte à leur mince délire. Ah ! quelle
douleur !

Elle ne veut pas répondre au médecin
et, à travers les sanglots et les larmes,
elle dit :

—A quoi bon, messieurs? Mon mari a
fait croire que j'avais voulu le tuer et que
j'étais folle. On veut que je disparaisse,
je disparaîtrai.... Oh ! mes pauvres enfants !

On l'a reconduite dans la cour et le docteur a ordonné un bain tiède, « oui, tiède,
presque tiède, pas trop frais. »

La visite au quartier des tranquilles est
finie.

JULES VALLÈS.

SAINTE-ANNE

—

II

LES AGITÉES

A travers la porte on entend déjà le bruit de leurs sanglots et les cris de leur épouvante.

Les bouches écument, les regards menacent, les talons battent le sol. Les bras décrivent des gestes désordonnés, qui veulent égratigner l'air et crever l'horizon. C'est une explosion de chants sinistres. Par-ci, par-là, quelques gouttes de sang.

On en voit qui cherchent leurs poings pour les mordre, ou qui, de leurs ongles, s'entaillent le visage ; quelques-unes qui, avec un caillou pointu, se labourent la peau et se martèlent la chair, à petits coups, en ricanant ; ou à tour de bras en sifflant et en geignant.

Tout d'un coup — il y a des moments pour cela — souffle, on ne sait d'où, un vent de folie qui, sur ces tiges vivantes, secoue les têtes mortes et enfièvre tous les délires. Elles jettent à terre leurs cheveux qu'elles arrachent et leur costume qu'elles déchirent ; elles montrent, nu et meurtri, leur corps émacié ou bouffi ; et il faut que les gardiennes sautent dessus

16 Mars 1882.

Le manchon à celles-ci, la camisole à celles-là.

Le manchon! Quelques-unes relèvent les yeux quand la sœur en parle; il passe furtivement dans leur cerveau, comme un éclair dans la fumée, le souvenir d'un hiver joyeux.

Elles réchauffaient leurs doigts effilés dans le satin de la doublure, et essuyaient leur petit nez gelé dans le doux de la martre, serrées contre celui qu'on aimait.

Le manchon, ici, est un fourreau de toile bise dans lequel on fourre leurs poignets qui se tordent.

La camisole est un cilice brutal qui les tient prisonnières du cou au ventre avec les mains en croix sur la poitrine; il ne leur reste de libre et de vivant que la langue qui est chargée de bave et bat éternellement les dents.

Elles se rattrapent de ne pouvoir marcher ni courir ni choquer leurs membres, en vomissant à pleine bouche le soupir, l'insulte et le sanglot. Elles trouvent au fond de leur poitrine, jusqu'à la fin, un lambeau de poumon pour crier et hurler; elles ne s'arrêtent que quand ce lambeau est craché; leur parole tourne, tourne comme l'aile d'un moulin démantibulé par l'orage.

Il y en a qui ne sont agitées que par intervalles.

On les laisse se vautrer dans leurs manies.

Autant de démences que de têtes; rien ne dit comment cette démence est venue, quelles sont celles que le vice a poussées à l'abîme, celles qui y ont été entraînées par leur vertu. Nul, s'il ne sait d'avance leur histoire, ne peut déchiffrer l'origine de leur malheur dans leurs visages défi gurés, salis. C'est le hasard qui a accroché les masques sur ces fronts vides.

Voici un foulard rouge noué sur une chevelure de paille, qui doit coiffer une Alsacienne, balayeuse, devenue folle d'amour pour un boueux. En effet, elle gémit en allemand, la pauvre fille, et elle a des mitaines vertes aux mains.

Ce madras violet et jaune, avec un petit nœud d'or sur le côté, appartient à une maraîchère. Celle qui le porte a les doigts croûteux et le cou hâlé ; elle se tord de rire et se croit une rave.

Un caraco galonné d'argent flotte et danse sur les côtes d'une créature osseuse et brune, à peau de buis ; c'est une saltimbanque, qu'un coup de soleil a toquée sur les tréteaux en plein midi, un jour de foire, ex-somnambule lucide dans les caravanes, vieille vendeuse d'orviétan qui mêle la peur d'être assassinée à l'envie de placer ses flacons : « Vous ne le voyez donc pas, le sang coule, ils se tuent ! — C'est trois sous, trois sous la fiole ! »

Ici l'on danse.

Une gaillarde à tête de Clodoche avec un nez de gobe-mouche, luisant comme une peau d'oignon, ramasse ses jupes dans un coup de hanche, et se lance dans la furie d'un chahut macabre.

A côté d'elle, une grosse fille à boule ronde, jaune comme un œuf de cane, avec une grande bouche bien meublée, de longs bandeaux noirs coulant sur des joues bouffies, se met à danser aussi, mais d'après une autre école ; elle pirouette en minaudant, essaye un jeté-battu, et s'affaisse dans une pose de fin de ballet. Puis elle se relève et recommence. Elle porte

le nom d'une ballerine anglaise, jadis célèbre.

Un jour, elle s'aperçut qu'elle épaissis-
sait ; la graisse empâtait ses ailes, et, le
soir, elle manqua de *ballon* à Drury-
Lane ! Elle est retombée des mains de
son danseur dans les bras de la folie, et
quelquefois, quand elle a manqué son
pas, au lieu de sourire, elle hurle et jette
sa note dans ce concert sinistre. Quels
cris !

C'est un déluge de blasphèmes et de la-
mentations qui roulent l'un sur l'autre en
phrases décousues et trouées qui ont la
tête dans l'ordure et la queue dans le
sang, qui tombent des lèvres mousseuses
d'écume ou salées par les larmes ! Mais
tout cela sèche à la brise qui passe ; la
girouette a tourné sur le clocher ; telle qui
pleurait d'amour tout à l'heure se jette à
quatre pattes et aboie au ciel.

Quelques-unes ne font que bouger les
lèvres. Que disent-elles ?

Cette vieille au chef branlant est née à
Versailles, en 1781 ; elle indiqua peut-être
à Mirabeau, en revenant de l'école, la
salle du jeu de Paume. Dans sa famille,
on devient fou après quatre-vingt-trois
ans : elle a une sœur aînée qui a passé à
Sainte-Anne sa quatre-vingt-seizième année et est repartie guérie ; le médecin dit
que la cadette guérira aussi, si l'on peut
empêcher qu'elle se tue ; car elle veut, sans
savoir pourquoi, rogner ce qui lui reste de
temps à vivre, et elle déchire de ses mains
défaillantes, sur le bord de la tombe, son
corps d'octogénaire.

Cette autre, accroupie à terre, gratte le
sol comme une hyène avec ses pattes, et
fait voler en l'air sable et cailloux ; ses

mèches grises tombent de son cou pelé, ses dents claquent, sa prunelle flambe, et la face tournée vers l'orient, comme une sorcière, elle essaye de pousser des sons qui meurent dans son larynx cassé.

La peau frissonne et se secoue comme une croupe de cheval qu'un taon fait saigner ; elle plonge parfois dans la terre sa tête de mégère comme pour y rechercher sa raison ; puis elle fixe le soleil d'un regard d'oiseau de nuit aveuglé.

Reste à voir le quartier des cellules.

On y met les incorrigibles ou celles qu'a saisies un accès plus aigu, subitement, au changement de lune !

Elles sont toutes dans la cour, quand nous entrons ; elles sont là, hurlant, tournant, échappant aux gardiennes qui luttent avec elles. Elles nous entourent et nous cernent, échevelées et menaçantes, sans que pourtant la main d'une seule nous effleure.

Il y en a qui déclament comme des actrices de banlieue, d'autres qui veulent se dévêtir. Une belle et fraîche enfant de dix-sept ans, qu'on retient par les poignets, court après le plus jeune de nous avec un geste d'hystérique entraînement et lui crie : « Je veux de toi ! »

Une autre, bossue et contrefaite, le dos gonflé de colère, crie que c'est un médecin qui l'a enlaidie et tordue après l'avoir aimée.

Mais, cette folie aux yeux brillants, à l'accent sonore, oppresse moins que la bestialité aveugle et morne de quelques-unes.

Le voyage s'achève ; on nous montre, en passant, la lingerie avec ses maillots

de torture et sa camisole de force, en
peau chanvre neuf, jaune et lisse. Sur des
rayons sont rangés, par ordre, avec des
numéros cousus au ventre, les habits que
chacun avait quand elle est arrivée à
Sainte-Anne. Il a fallu amener jusqu'ici,
quelquefois, des maris et des pères, qui
n'avaient pas voulu reconnaître leur femme ou leur fille dans l'être dégradé et
muet qu'on avait traîné devant eux au
parloir ; ils reconnaissaient la robe, le
châle, ou le petit panier ; cette dentelle
sur ce bonnet et ce bluet sur ce chapeau
de paille.

Il y a une coiffe de mariée avec un bouquet d'oranger.

Nous traversons l'infirmerie.

Est-ce la salle des femmes ? Est-ce le
dortoir des hommes ? Ces faces longues
et blêmes sur l'oreiller blanc ne dénon-
cent pas le sexe. Un regard morne part
de deux yeux et se cloue au mur ou au
plafond.

Mais on prétend que la prunelle s'at-
tendrit et bouge, quand la mort approche !
Il m'a semblé voir, tout à l'heure, la profondeur d'un regret immense et la mélancolie des méditations désespérées dans
les yeux de l'une d'elles, condamnée, et
dont, à la lingerie, on avait mis de côté le
linceul. Elle pensait, j'en suis sûr, à ce
moment-là.

Le médecin se penchait souvent à l'o-
reille de la sœur, et lui posait des questions auxquelles une femme seule sans
doute pouvait répondre.

La nature a des caprices inattendus
envers les êtres destinés aux périls et aux
joies de la maternité.

Il en est qui font leurs couches à Sainte-

Anne, quelquefois la mère retrouve sa raison dans le berceau de son enfant.

JULES VALLÈS.

52

SAINTE-ANNE
(Dernier article.)

QUARTIER DES HOMMES

Pas un cri !

Les fous nous regardent passer, les uns sans qu'un muscle de leur visage tressaille, les autres riant en dessous, mais cachant leur rire d'un geste poltron et honteux.

Pas un cri !

Ils sont là, plantés isolément, sans se toucher, comme si on les avait déposés à cette place par les cheveux et qu'on les y eût oubliés.

Ceux-ci ont les prunelles fixes, tendues vers le sol, ceux-là le regard noyé dans le vide. Quelques doigts se lèvent au bout des bras cicatrisés ; c'est pour sentir le vent ou donner un ordre au soleil. Il y en a à genoux et qui prient.

Notre pas a réveillé ces cerveaux endormis, et voilà qu'ils arrivent vers nous comme des écrevisses vers une lanterne. L'un nous assure qu'il est Maximilien, empereur du Mexique ; il a l'air de montrer par dessus sa casaque, des trous de blessures. Le second, le nez au vent, regarde sans doute permuter les âmes.

23 Mars 1882

Un autre qui tient un éclat de silex, croit à Pythagore ; il se baisse pour dessiner sur la terre un triangle ; puis il se relève comme inspiré, trace de la main un cercle dans l'espace et se remet à faire ses calculs dans le sable, la lèvre marmottante et l'œil fièvreux.

Je lui dit : « Il faudrait abaisser une perpendiculaire... »

Il répondit oui, mais il remit le caillou dans sa poche, bouleversa le sol avec son pied et alla, à reculons, jusqu'à une autre place où il demeura silencieux et les bras croisés. Ancien élève de l'Ecole polytechnique, ingénieur d'un grand talent, bûcheur terrible, dont le cerveau prit feu sous une lampe de travail !

Voici un musicien qui fut prix de Rome. Il roule des yeux blancs et sa bouche s'avachit, humide et lourde. La tête est puissante néanmoins et a dû être belle ; toujours un peu penchée, elle semble écouter un air que nous n'avons pas, nous, le droit d'entendre, et la main bat machinalement la mesure. Quand on lui parle, il donne congé au démon qui l'obsède, il répond et paraît comprendre ; mais il ne vous accorde qu'un moment ; sa folie le remporte bien vite, extasié et muet, dans le gouffre invisible où grondent, pour lui seul, des torrents d'harmonie.

Voilà un ex-étudiant en pharmacie qui devait faire un POTARD en calotte grecque et en tablier vert ; voyez-le ! Les bras emmanchonnés dans la camisole, la paupière close, les joues mâchées, il tâte éternellement la terre du bout de son pied. Croit-il qu'elle va s'entr'ouvrir sous lui et l'avaler ? Ou bien le pied obéit-il au cerveau qui se sent, là-haut, devenir fou, et demande au corps de faire, par quelque signe, acte de volonté et témoignage de vie ? Quand on laisse les mains libres à cet homme, il se tord la peau et la déchire, et il regarde, morne, couler le sang. Mais il ne pousse pas une plainte ; on ignore le son de sa voix ; il n'a encore ni dit un mot ni jeté un hurlement, depuis que la folie l'a empoigné, et jamais il n'a levé les yeux pour regarder passer le médecin dans le corridor ou un nuage à l'horizon.

Pas un cri !

Un homme vient à nous, frémissant, inquiet ; on voit qu'il a peur de son émotion ; peur qu'on trouve sa phrase baroque, son regard vague, son allure étrange ; il entoure de précautions infinies chaque parole qui peut le rendre suspect et nous ôter confiance en sa raison ; il déclare, en tremblant, qu'il sait qu'il n'est pas fou, et voudrait savoir pourquoi on le retient prisonnier.

— Je porte peut-être, dit-il, la peine de mon nom.

Il le prononce, ce nom ; c'est celui d'un régicide mort sur l'échafaud. Et lui, qui n'a pas ramassé l'arme paternelle, cherche en vain les motifs qui l'ont fait traîner là et se demande si ce n'est pas le sort, dans sa famille, d'être frappés à la tête.

Je veux croire, pour son malheur, et pour l'honneur des autres, qu'il n'y a point là-dessous d'erreur volontaire ; il s'est, en effet, embrouillé un peu quand nous l'avons poussé à bout ; mais combien s'embrouillent qui ne sont point à Sainte-Anne et qu'il n'y faudrait pas mettre !

fou ou noir, il a le lot plus mauvais que son père ; je préférerais, certes, pour lui, l'agonie courte de l'échafaud.

La meute des aliénés venait le flairer et le mordre ; ils l'embrassaient de leur geste, ils l'enveloppaient de leur haleine, il a appelé au secours : les gardiens se sont mis à rire. Il a jeté un cri de menace et de désespoir. On lui a répondu en sautant sur lui ; on l'a encapuchonné, terrassé, lié et attaché à quelque barre de fer, comme un chien, dans cette fourrière humaine.

Il répétait, en pleurant : « Je ne suis pas fou. » On a serré les courroies plus fort. Il voulait écrire à ses amis, voir sa mère ; il demandait les magistrats ; le magistrat est venu et la mère aussi ; mais il s'était passé vingt-quatre heures. C'est assez pour être touché par le fléau ! Le mal des autres a fait trou dans le crâne ; le supplice a su élargir la plaie ; le doute est venu ; la confiance et la raison ont fui par la même fêlure ; et les gardiens amènent devant les parents ou le juge un être frissonnant et effaré qui ne sait plus se défendre ; hésite ou crie, s'emporte ou pleure. Qui donc disait qu'il n'était pas fou ?

La mère repart désespérée, le magistrat convaincu ; — le médecin triomphe !

QUARTIER DES CELLULES

A notre coup de sonnette, un homme sort, c'est le surveillant en chef ; il y a de l'oiseau de nuit dans ce veilleur de fous.

Il refuse de nous recevoir ; le docteur seul, dit-il, a droit sur ce coin de l'hospice. — Que s'y passe-t-il donc ?

Il faut que notre cicérone insiste et montre, par deux fois, le papier qui nous sert de passe-port et de sauf-conduit. Il se décide enfin, ouvre la porte.

C'est triste et morne ; propre et gris.

Dans la cour, des traînées de soleil, des cailloux et de la poussière, cinq hommes ; trois qui sont libres et deux qui ont la camisole de force.

A peine la porte était-elle ouverte que tout de suite, par-dessus le parapet de la galerie, une tête a passé et quelques mots ont été murmurés tout bas ; puis la tête a disparu, elle s'est redressée plus loin et nous avons entendu quelques mot encore ; la tête est redescendue, une tête pâle et grimaçante ; mais le gardien s'est éloigné un instant, alors le parleur mystérieux s'est montré ; il n'a pas plus de vingt-cinq ans.

— Messieurs, vous ne venez pas de la part de Mlle Fanny X...?

Il a dit cela tout bas comme un prêtre à une pécheresse dans un confessionnal ; mais comme le gardien a reparu, le fou a lâché le parapet sur lequel il était accroché des mains ; on ne le voit plus.

— Quelle est donc sa folie ? demandai-je au gardien.

— C'est un boursier ; il a été, prétend-il, l'amant de la fille de son patron, et le gardien ajouta en souriant :

— C'est sans doute vrai.

Vrai ? — Mais est-ce que la cellule des maisons de fous est au service des pères qui n'ont pas su garder leurs filles, ou à la disposition des femmes qui veulent se débarrasser le lendemain de celui à qui elles se sont abandonnées la veille.

Je vais droit à l'homme, une fois entré dans la cour ; il me répète d'une voix basse :

— Est-ce que vous venez de la part de Mlle Fanny X... ?

Je lui fais épeler ce nóm. C'est bien celui d'un millionnaire célèbre.

Cet autre, au crâne aplati comme une tête de vipère, les lèvres broutantes comme le museau d'un rat, est un ancien pensionnaire des centrales. Ils ont tous cette manie-là, les échappés de ces prisons où il est défendu de parler, où l'on ne cause qu'à voix basse en grignotant les mots comme les rongeurs mangent le bois, où l'on glisse aussi plutôt qu'on n'y marche comme les reptiles. Il est devenu fou dans l'horreur du silence, et il se venge d'avoir été muet si longtemps, en jetant sans trêve des mots sans suite, qu'écoute, émerveillée, son oreille pelée et frémissante.

Celui-ci a des moustaches de sacripant, les cheveux rouges et les mains velues ; mais ses mains ne lui servent qu'à fouiller son crâne qu'il croit toujours sentir tomber. On dirait qu'il lui revient des moments de raison, et il veut les serrer dans ses doigts comme si cela avait un corps et pouvait se garder ; puis, gambadant et tremblant comme une guenon qu'on a battue, il fait signe au gardien d'ouvrir la porte, traverse sa cellule, et va se jeter les reins les premiers dans un coin du jardin morne, où ils ont le droit de rôder ; il reste étendu là, la face livrée aux mouches qui croient se poser sur un cadavre.

Dans l'un des deux qui ont la camisole, on reconnaît de suite un soldat, à ses cheveux ras, à sa moustache en brosse. Il commande : *Par file à droite ! Gau-*

che en bataille! Tirailleurs, prenez vos intervalles!

Il nous dit qu'il est chef de bureau au ministère de la marine et comme il nous voit prendre des notes, il ajoute : « Ecrivez sous ma dictée : M. A... de tel bureau est un voleur ; il a volé ceci. — M B... est un escroc ; il a volé cela : Ecrivez! écrivez ! Vous porterez la note au *Rappel*, il faut que justice soit faite.

Il ne se plaint pas d'autre chose, d'ailleurs ; il n'a rien à dire contre la maison, caserne pour caserne ! L'habitude du camp et le respect de la discipline font qu'il accepte ses aventures et ces supplices comme des incidents de campagne. A la guerre comme à la guerre, et il se mit à chanter à pleine voix la *Casquette du père Bugeaud*. Il est chauvin.

L'autre, un enfant géant, imberbe, énorme, tire silencieusement sur sa chaîne ; il ne répond rien au soldat qui veut causer ; rien à nous qui semblons le plaindre ; il est peut-être sûr de pouvoir se tuer, ou bien il croit qu'il va casser ses liens ; gare au gardien !

On ouvre une cellule ; nous reculons épouvantés !

Dans un lit un jeune homme est étendu, sa tête saute sur le drap blanc avec des frémissements de chef coupé dans le panier de la guillotine.

On relève les couvertures et on nous le montre impuissant, avili, annihilé, crucifié sur un matelas. La porte se referme, je le vois, par le trou du guichet qui secoue toujours toujours sa tête ; à un moment, il s'arcboute sur la nuque à la faire craquer, creuse son dos, rien ne casse et il retombe épuisé, la tête branle et saute

toujours ; son œil rencontre le mien dans
le trou du guichet ; il jette un cri : « Ote-
toi de là. »

Encore une cellule ! Celle-là n'a pas de
lit, mais les murs sont matelassés : dans
l'ombre, un homme tout nu se tient debout, tout nu ! Il s'avance, tendant le jar-
ret, musculeux, velu, et vient se camper
devant nous, puis il se croise les bras et
attend dédaigneux et muet que nous ayons
fini de le voir.

Si on le tirait de là, il casserait, de sa
main d'Hercule, tout ce qu'il pourrait at-
teindre, et il se jetterait la tête la première contre la muraille, jusqu'à ce qu'il
ait fait sauter hors du crâne sa cervelle
malade.

Notre visite à Sainte-Anne est finie.
Nous heurtons encore dans les corridors
quelques tas de chair humaine adossés au
mur ou roulés à terre. Nous entendons
éclater un rire triste, crever un sanglot.
Un épileptique, qui s'est échappé du dortoir, court en chantant et vient, au re-
frain, tomber du haut mal à nos pieds. A
travers une croisée, nous reconnaissons
un camarade d'hier, un homme célèbre
d'autrefois...

La cour se vide peu à peu, les fous se
rendent au réfectoire. Dans quelques-uns,
la vaisselle est en fer, mais ce n'est que
par hasard qu'il y a des bidons qui volent
à l'air et des assiettes que l'on tord ; ils
mangent, muets et tranquilles.

Chaçun occupe une place régulière et
sait en trouver le chemin ; mais qu'est-ce
donc que cette folie qui a ses loisirs et se
tait quand elle le veut !

Qu'est-ce donc ? Nul ne le sait ?

Cependant, le mal grandit tous les jours ; l'oiseau étend ses ailes ! Que de raisons voilées ! — Depuis vingt ans surtout, comme si un coup de canon eût donné le signal, on entend tous les jours l'explosion d'une tête qui saute. Elles éclatent de préférence sur les épaules de ceux qui pensent, et ils portent au cou de qui en reste comme un boulet mort. Fou !

« Oh ! ne permets pas que je sois fou, s'écrie le roi Léar ; conserve-moi dans l'équilibre ! Oh ! non, pas fou, de grâce ! Je ne voudrais pas être fou. »

JULES VALLÈS.

62.

L'ASSOMMOIR DES CHIFFONNIERS

On va reprendre *le Chiffonnier de Paris*.

Le drame retrouvera-t-il la vogue de jadis, devant une génération bien différente de celle qui applaudit aux tirades du vieux Jean pour la première fois? Les porte-hottes ne ressemblent pas non plus à leurs aînés; il n'y a plus d'études curieuses à entreprendre sur ces oiseaux de nuit; mais, l'actualité aidant, l'on peut consacrer une page à un de leurs assommoirs célèbres.

Route de la Révolte, une petite buvette où se réunissent les chiffonniers.

Les murs; ni bancs, ni tables, ni tabourets, ni chaises. A gauche, un trou; par là, arrive la lumière et par là passe l'eau-de-vie.

Ce trou donne sur une épicerie qui a une belle enseigne, une large porte, avec des sacs pleins de haricots et des tonneaux pleins d'olives, montant la garde de chaque côté. Elle est tenue par une commère en tablier de soie et en bonnet rose, achalandée par des ménagères en camisole blanche, qui traînent des moutards solides tout barbouillés de raisiné

30 Mars 1882

Un garçon, dont la bouche rit jusque par-delà les oreilles, fait le double service de la casserole et de la boutique, et répond à MM. les chiffonniers. Tout se passe sur le ton d'une politesse, *dernier triage*. On ne se douterait jamais, en entrant, que derrière ce magasin clair est ce cabanon, où trébuchent et s'affaissent des hommes en guenilles, sans chemises et rongés par les poux.

Comme dans les cours de collèges et les préaux de prison, les murailles sont couvertes d'académies au fusain—ou à la boue. Quelques hachures noires, des ronds avec deux ou trois taches. C'est un paysage ou un portrait.

Ils ont dessiné leurs grands hommes et nous ont raconté leur histoire en deux lignes.

La Rogate. Né en 1824, orphelin : *Biffin* depuis les glorieuses.

Le Matelot !

Le matelot, celui-là, c'est leur Garibaldi. Il fit deux fois le tour du monde, revint pendant dix ans écumer la plaine des vaches, repartit, revint et finit par faire pour tout de bon naufrage dans son mannequin, un soir d'hiver, foudroyé par l'eau-de-vie. Mort *d'un coup de camphre*; tué à l'ennemi !

Toute la flotte des chiffonniers alla à son enterrement. Même il y eut un ancien professeur culbuté dans la hotte qui, sur cette tombe, dit quelques mots où il y avait du latin.

On revint en bande à l'Assommoir, et là, ils se cotisèrent, les *Biffins*, pour acheter le gobelet dans lequel le défunt avait tété sa dernière goutte. On pendit la relique au mur avec une belle couronne pour nimbe. Point une de ces guirlandes, comme ils en auraient trouvé à la douzaine au bord des égouts ; non, on l'acheta toute neuve à un marbrier, leurs mains l'attachèrent pieusement autour du verre en fer battu, puis on goupillonna le tout avec l'éternel *Sacré-Chien*.

La casserole s'est rouillée sur le mur, la couronne s'est desséchée; mais elle tient bon tout de même, embaumée qu'elle est par l'odeur du *casse poitrine* et la fumée du tabac. Un vieil habitué fit remarquer, l'autre jour, que la vermine pouvait y grimper ; on détacha l'auréole, on lui donna un coup de peigne et on la raccrocha plus haut.

Auprès des pochades crayonnées sont les images collées.

Un Robespierre en habit bleu barbeau, — un Rochefort à toupet hérissé, — Notre Saint-Père le Pape, — Thiers et Hugo, — la mort de Louis XVI, — la légende du Juif-Errant.

Tout cela bien banal et bien anodin. Pas un obscénité sur ces parois qui puent la misère et ses vices fatals, mais qui n'ont jamais, comme les cloisons des tapis-francs, entendu comploter de mauvais coups.

Ils n'ont ni l'envie ni le temps d'être des malfaiteurs, — il faut chiffonner et boire.

Si, par hasard, l'un d'eux a quelque chose sur la conscience, il le cache au fond de sa hotte et fourre des loques par dessus. Les Biffins se contentent de grappiller leur vie grain à grain; grain de chasselas à six sous le litre, qu'on écrase sur le guichet lorsque la borne a donné.

Ils boivent encore plus d'eau-de-vie que

de vin.

Un sou la goutte *d'ordinaire*. Deux sous la fine *champagne* ; on leur en verse plein la casserole ; c'est le bouillon de ceux qui n'ont pas de marmite.

La casserole est grande comme un petit pot à beurre ; ils en vident dix, douze ou quinze dans leur journée, et quand ils sont *cinglés* ils s'abattent, prennent leur mannequin pour traversin et cuvent leur alcool. Ils se réveillent pour rattacher leur oreiller à leurs épaules, et aller chercher dans la poussière, la fange où la neige, de quoi se soûler de nouveau.

Parfois ils ne se réveillent pas. Combien en a-t-on ramassé que l'ivresse avait étouffés, près d'un chat mort ou d'un chien crevé !

Quelques-uns se tuent ! Le vent de la nuit les a dégrisés et refroidis ; ils se redressent en trébuchant, sous le ciel plein d'étoiles gelées, sur la route déserte.

Il leur vient à l'esprit un souvenir du passé ou la peur de l'avenir, ils arrachent la courroie de la hotte, la nouent à un moignon d'arbre mort et se pendent. Ou bien l'envie leur prend de laver dix ans de promenade affreuse dans l'immondice, d'éprouver, ne fût-ce qu'une fois, la sensation de l'eau fraîche dans le pli des jointures et la crasse des poils : ceux-là se noient.

Mais le suicide n'a jamais été prémédité.

Toujours penchés sur le tas d'ordures quand ils travaillent, sur la casserole quand ils boivent, ils ne voient pas au delà du rayon de leur lanterne, et ils ne peuvent comparer leur misère au bonheur des autres.

Il faut, pour qu'ils se tuent, que la folie

de l'alcool s'en mêle, qu'ils aient trop
liché, ou que, malades, ils aient peur de
ne pouvoir plus boire !

Ceux que le mal empoigne sont bien
rares.

Beaucoup de ces avaleurs de *tord-
boyaux* en connaissent le goût depuis un
demi-siècle ; un demi-siècle ! entendez-
vous ! Il y a un *demi-siècle* que ces patriarches chinent et boivent, et ils ne
semblent disposés à lâcher ni leur verre,
ni leur crochet.

C'est le grand air ! Ils ont beau faire ;
le vent les rafraîchit, la pluie les lave et
le soleil les bronze, tous ces pirates d'eau
salée ou d'eau croupie, loups de mer ou
chacals des rues.

Ils flânent heureux dans leurs savates
boueuses.

Pas de loyer à payer : la plaine immense.

Pas de frais de toilette : la guenille
abonde.

Pas besoin de pain ; on repêche les
croûtes dans le ruisseau, et même on a le
goût du vin, si l'on veut, en rinçant avec
de l'eau fraîche un cul de bouteille cassée.

Que faut-il de plus ? N'est-ce pas assez ?
ils ont de quoi ne pas mourir, et ils sont
libres.

Oui, ils sont libres ! tandis que l'ouvrier
ne l'est pas. Il ne chôme jamais, le *Biffin.*
Chaque jour amène son épluchure, tandis
qu'il y a des grèves la veille des révolutions
et que l'on ferme les fabriques le lendemain.

Aux soirs d'émeute, au contraire, la
casserole est pleine. Ils sont remontés
des faubourgs, le soir, après la bataille,
la hotte bourrée jusqu'à la gueule de lo-

ques sanglantes, de balles mortes, toutes choses qui valent cher.

Pendant que les combattants pansent leurs blessures et boivent de l'eau, derrière les barricades, les chineurs demandent de *celle à deux sous* au guichet de leur Assommoir.

Là on ne connaît pas de drapeau, mais si l'on avait à en planter un, ce serait la serviette d'un riche : ils vivent des miettes du luxe.

Les *Biffins* de Sparte austère étaient plus malheureux que ceux d'Athènes, et l'on jetait plus d'os par les croisées de Capoue en fêtes que par celles de Rome en armes.

Cependant beaucoup, parmi ces chiffonniers qui ne vont pas au feu des insurrections, beaucoup, dis-je, ont été soldats ; mais ils n'ont gardé du troupier que le cheveu court ou la barbe en sapeur... rien que cela.

L'un d'eux, une popularité de l'endroit, était maréchal des logis d'artillerie et fut blessé à Sébastopol. Il espérait être décoré ; il n'eut pas même la médaille Maintenant, quand il rencontre, dans un tas d'ordures, un ruban rouge, il crach dessus.

Leur histoire à tous ces anciens trou piers est la même : on était entré tou jeune à la caserne sans avoir un état. L congé fini, comment vivre ? On avait pri l'habitude d'une existence inutile et fai néante, en même temps qu'on avait gardé la haine de la discipline. Ce qui restait de la masse fila peu à peu, les vêtements s'en allèrent aussi. On commença par ramasser pour manger ; au bout de quelque temps on finit par ramasser pour boire on avait emprunté un crochet et l'on s'était fait chiffonnier.

Un crochet, cela coûte six liards; en laissant le vieux c'est un sou; un crochet suffit; on chiffonne d'abord dans une guenille, puis dans un sac; on achète enfin un mannequin pour quarante sous, car une hotte coûte plus cher.

Beaucoup de Biffins se sont arrêtés. — comme Moïse sur le mont Nebo, en face de la terre promise, — loin de la hotte, à vingt sous de distance : il manquait vingt sous pour faire les six francs. Faute de ces vingt sous-là, ils sont restés les Bachi-bouzoucks du crochet.

Irréguliers dans le monde des chiffonniers, ils n'ont ni feu ni lieu, ni amour, ni famille ; ils ne sont *de fade* (de moitié) avec aucun, *de fade* pour rien; à moins qu'ils ne se mettent à deux pour acquérir un paquet de couennes ou qu'ils ne partagent, avec les camarades, les faveurs de quelque *biffine* aux yeux chassieux et au nez flamboyant.

L'Aspasie actuelle de la casserole, la madame Récamier de cette Abbaye aux Loques s'appelle *Ugénie*-Joséphine-*Uphrasie* Mognonneux, baptisée à *Saint-Ustache* le jour du sacre de Charles X.

Chaque date solennelle de notre histoire correspond à une évolution de sa vie ; elle vend des fleurs jusqu'à la révolution de Juillet, ses charmes et sa jeunesse jusqu'au coup d'Etat, du poisson sous l'Empire, des guenilles depuis le siège.

Elle chante quelquefois des bouts de cantiques et pleure au dernier couplet en roulant sa tête flétrie comme une nèfle et violette comme un oignon; sa jeunesse fut pieuse, et il s'en fallut de peu qu'elle se fît bonne sœur. Elle dit volontiers, comme Napoléon-le-Grand, que le jour de sa première communion fut le plus beau de sa vie.

On chante beaucoup à la Casserole ; *La Colique* fait la basse et *Mon Fils* le ténor. Ce surnom de La Colique a été donné parce que l'homme a travaillé au blanc de céruse, et qu'il en a les entrailles empoisonnées.

Mon Fils est un ex-enfant de troupe ; il quitta la caserne et entra dans un atelier, puis de là tomba dans l'ivrognerie. Son nez fait trou ; il ne retrouva qu'un peu de peau à moucher le lendemain d'un certain jour où il avait roulé la tête en avant contre un trottoir.

Leur chanson s'appelle : *le Chant de Pélage*.

C'est un air de vieux prisonnier philosophe, innocent et banal ; ils ont appris cela en allant faire quelques jours de prison pour vagabondage ; mais ils ne connaissent pas le *Ça ira* des Pègres ou la mélopée sinistre des galériens.

Chaque chiffonnier a sa médaille délivrée par la préfecture de police.

On compte encore des milliers de *Biffins* qui ne portent pas ce scapulaire de cuivre sur la poitrine et battent la rue tout de même.

La police ne va pas voir sous leurs lambeaux de veste ; elle les laisse rôder et voler aux chiens leur morceau de pain. Sait-elle que leur crochet n'est point un outil dont on peut faire une arme, mais une fourchette qui pique dans la boue !

D'autre pauvres saisiront un clairon et souffleront la *Marseillaise* : le chiffonnier l'arrachera, s'il le faut, aux lèvres d'un mort, le jettera, tordu et sanglant, dans sa hotte, puis, avec l'argent qu'il en tirera, reprendra le chemin de la *Casserole*.

JULES VALLÈS.

LES FOIRES

I

Le peuple n'a pas encore le pain ; mais on lui a rendu les spectacles.

On a rétabli les foires dans les communes et les faubourgs, à la grande joie des pauvres qui, tous les soirs, peuvent faire voir trente-six chandelles à leur spleen ou à leurs gosses : les aigrettes du gaz et les mèches des lampions crèvent, non-seulement l'ombre de la nuit, mais aussi le noir des idées.

Pour deux sous, les douillards se payent leur course à Longchamps sur les chevaux de bois ; pour rien, les déchards, aux aspirations aristocratiques et amoureuses, voient des marquises faire la parade — et les socialistes regardent des marquis encaisser des coups de pied au cul.

Il y a là dix orchestres qui se battent les flancs ou se gonflent les joues pour attirer le monde devant l'escalier qui mène à l'Enfer des marionnettes ou au Paradis de Mahomet

6 avril 1882

Donc, la lumière déchire les yeux, la musique déchire les oreilles — si fort par moments que, dans certaines localités, les habitants se sont plaints et qu'on a bouché le pavillon des cuivres, détendu les tambours et remisé la grosse caisse, ainsi qu'un chaudron hors d'usage.

Mais les grandes foires, qui sont toujours sur la marge de la ville, ont gardé leur droit au vacarme et je viens de voir, pendus sur l'oreille des caravanes, les porte-voix géants, en fer battu, et les gongs, martelés et noirs, comme le ventre de la femme-enclume.

J'ai reconnu aussi les musiciens — entrevus jadis en habits de soldats, en uniforme d'ennemi, pendant l'invasion prussienne. Ils sont revenus, pas plus fiers qu'avant, s'offrant encore au rabais, malgré les cinq milliards crachés dans la main de Guillaume — toujours les mêmes, avec leurs cheveux de filasse et leurs polonaises à brandebourgs.

La fête de la barrière du Trône sera cette année tapageuse et vivante !

Jamais peut-être autant de roulottes n'avaient longé le cours de Vincennes, jamais autant de bêtes féroces n'avaient hurlé contre la statue de Saint-Louis et de Philippe-Auguste ; et l'on ne rencontre que des chiens savants donnant le bras à des nains à barbe. Je n'ai encore vu qu'un géant ; mais il m'a semblé qu'il en faisait deux ; — autour de ses genoux roulaient trois ou quatre grosses femmes.

Il avait l'air d'une quille dans un jeu de boules.

Remarquons que le phénomène maigre a presque entièrement disparu. Cela coïncide avec l'entrée en scène de M. Gam-

bella. Le succès est un courtisan. Sous
M. Thiers, le nain grassouillet avait eu
son heure de vogue ; sous Mac-Mahon on
le voulait moustachu. On retrouve chez le
monstre tout comme chez le penseur une
concordance fatale avec ce qui est la carac-
téristique du pouvoir ou de l'époque. Cas-
sius est méprisé, Vitellius est roi ; l'hom-
me-poussah fera recette, l'homme-squelette crèvera.

Malheur aux maigres ! — malheur aux
pauvres !

Cela est vrai, sur le champ de foire
comme au Champ-de-Mars, dans les entresols comme dans les magasins de nou-
veautés. Le petit disparaît, l'isolé s'éteint.

Le classique sauvage, qui jadis faisait
encore ses dix francs en mordant des poulets crus, n'a plus même de quoi acheter
la volaille dont il mâchait le croupion ; le
phoque n'appelle plus papa. **Il n'a plus de**
famille, il est orphelin !

Tout ce qui est chétif et sans le sou, qui
n'a que sa bosse, sa curiosité, son horreur à montrer, celui-là ne gagne pas
dans la baraque de quoi boire de l'eau.

Les illustres de jadis n'ont pas échappé
à la loi commune.

Vous souvenez-vous de Césarine, *la Vénus au râble* aux beaux yeux bleus, à la
voix d'ange, ayant un bras superbe, et
l'autre long de six pouces avec un petit
doigt dans le milieu pour tout potage ;
sans jambes.

— Je suis née à Paris, j'ai été mariée à
l'église Saint-Thomas-d'Aquin, Dieu m'a
faite la mère de quatre enfants, tous vivants, jouissant de santé, *et conformés
comme vous et moi.*

Ils n'étaient pas conformés comme elle,

mais ils étaient aussi bien, sinon mieux taillés que nous.

Vous pourrez voir à la foire au pain d'épice un rejeton de Césarine : c'est un superbe gars, « jouissant de santé » je vous jure ! et marié à une belle fille, une Loyal, ne vous déplaise ! Il adore sa mère et se jette dans *son* bras au jour de l'an et aux jours de fête avec toute la tendresse d'un bon fils.

La *Vénus* de jadis n'est pas heureuse.

C'est que le fils, tout travailleur qu'il soit, n'a pas la baraque étincelante de gaz qui attire les badauds, — à vingt sous les premières, à dix sous les secondes !

Et le père Barrion, qu'est-il devenu ? Il doit être mort de faim dans quelque auberge de village, entre les pattes de son lion. Pauvre lion, pauvre homme, tous deux paralysés, goutteux et catarrheux ; l'animal encore plus édenté que le dompteur ; il fallait pourtant qu'il gagnât le pain du vieux et que le vieux pût lui acheter un déchet de cheval. Et nous venions prendre le lion, l'un par la tête, l'autre par la queue — pour le hisser dans la cage ! puis nous imitions les hurlements du roi du désert en tendant la corde à boyau enduite de glu au travers d'un vieux tambour.

En l'an de grâce 1882, il y a cinq ménageries qui rugissent à la Foire au pain d'épice par la gueule de cinquante fauves, ne mangeant que de bons morceaux, je vous promets, et qui, lorsqu'ils se régalent d'un dompteur, le choisissent dodu et bien attifé, comme le peuple maintenant, à ses heures d'appétit, veut des ventrus à dévorer ; quand il est las de crever des cerceaux, il se plaît à crever des bedaines.

JULES VALLÈS.

LES FOIRES

II

Le rayon de lumière qui, comme une lueur d'électricité, s'échappe des vers du poète et suit sur les grandes routes, le long de la rivière ou du bois, la famille des vagabonds, atteint aussi, de sa flèche d'argent, le front des histrions en guenilles. Aux cornes de leur bonnet et aux franges de leur maillot, les uns, comme Scarron, ont cousu les grelots du rire; les autres, comme Banville, ont ajouté à leurs faux diamants les perles des vraies larmes.

Cela a jailli du cœur, et le rimeur n'a pas pris le temps de sertir son émotion ni d'en guillocher l'or en des strophes ou des stances, il a quêté dans la casquette de la prose, tant il était attendri et pressé. Mais quelle poésie dans ce sanglot!

On envie les joies naïves, les sensations brutales et douloureuses, les voyages sous la lune de ces meneurs de caravanes! Il se dégage de ces existences, échappées à la loi commune, à la règle banale, une odeur de liberté, fraîche comme l'herbe volée pour le cheval qui conduit la voiture où naissent, vivent et meurent les bohémiens.

13 avril 1882

Le malheur est que la poésie même de cette vie les signale, ainsi que tous ceux que la poésie touche de son aile, à la défiance de ceux qui se traînent dans les sentiers battus, et les désigne, comme dans les tragédies antiques, à la malédiction et au supplice.

Tout n'est pas orties, fleurs sauvages, plantes qui sentent la liberté et la forêt, sous les pas de ces marcheurs éternels.

La joie d'arrêter où l'on veut son peloton de misères et de le remettre en route au signal de quelque horloge vivante qui a chanté sous bois, de couper par les sentes que cuit le soleil ou par les venelles si éternellement pleines d'ombre qu'on a froid en y passant, le droit qu'on prend de glisser, comme un ruisseau sous l'herbe, à travers la vie, ce droit là se paye cher, quelquefois.

Sur les traces de qui a passé inconnu et muet, toujours le soupçon se lève, la colère des simples s'éveille. C'est sur cette épaule que la main de la loi s'abat. Qu'il y ait eu dans le pays une grange incendiée, un homme assassiné, une fille violée, s'il a paru des saltimbanques à la marge de la commune, si l'on a vu rôder un enfant pieds nus, hérissé comme un buisson poudreux, si une vieille a allongé dans une cour de ferme sa tête jaune comme une médaille de cuivre, si un hercule géant a été vu, debout sur la route, dans le crépuscule, plus haut que la statue qui est devant le château abandonné, le village s'ameute et prend des fourches au besoin ! Ce sont les bohémiens qui ont fait le coup !

Ils appellent bohémiens ceux mêmes qui ont le visage plus blanc qu'eux, mais qui n'ont pas leur domicile cloué

à une place où le percepteur viendra.
Il y a la jalousie de l'impôt autant que la
peur de l'inconnu, dans cette tendance de
l'homme des champs, du serf de la glèbe
à accuser celui qui a l'air de picorer la
vie comme l'oiseau qui mange le grain
dans le sillon.

Allons, les gendarmes, apportez des
menottes et qu'elles remplacent les bra-
celets de cuivre qui dansaient sur les poignets des pauvres saltimbanques ! Arra-
chez la ceinture qui serre les flancs du
géant et partez pour l'auberge où l'on
échange les prisonniers. La mère crie,
l'enfant pleure. Tout le monde en route !
à moins que l'on n'arrête que le chef et
le soutien. Que deviendra la vieille à tête
de médaille, que deviendra l'enfant aux
pieds nus ?

Mon cher Banville, j'attaque parfois
les poètes, parce qu'ils ne regardent d'ordinaire, avec leurs grands beaux yeux,
qu'une face du drame qu'ils taillent dans
le marbre ou même la chair de leurs
vers.

Celui qui a la peste rouge, la maladie
sociale, regarde plus loin — ou plus bas.
J'aperçois les buffleteries du brigadier et
le képi du geôlier derrière la joueuse de
violon, derrière le géant en caleçon pail-
leté.

Vous ne voyez que le souffrant : moi,
j'entrevois le bourreau — et je songe à le
tuer ! C'est mon mal, mais il est bon qu'il
y ait des gens qui en soient atteints.

Ces saltimbanques que j'aime comme
vous, ils viennent, témoins bizarres, en
bottines à peau de lapin, servir à la défense de mes doctrines comme ils ont
servi à poétiser ma jeunesse.

A propos de votre livre — un chef-d'œuvre de grâce et d'émotion — à propos de la Foire au pain d'épice—un triomphe, de brouhaha et de cohue—laissez-moi, prosateur implacable, rappeler devant les parades joyeuses et les guichets craquant sous l'assaut de la foule, laissez-moi rappeler toutes les blessures qui ont été faites au flanc des pauvres batteurs d'estrade, mâcheurs d'étoupe, souleveurs de poids, femmes-torpilles ou hommes-grenouilles, laissez-moi évoquer le fantôme des colosses qui sont morts, tout comme des nains, de la honte d'avoir été pris pour des voleurs ou des meurtriers. On les a reconnus innocents. Mais ils avaient été *ceinturés* par l'erreur infàme, et retenus longtemps loin de la caravane, de la femme, des petits, du cheval aveugle. Un beau jour la Justice a desserré les bras, mais ils avaient le cœur cassé, ces saltimbanques, et la douleur les a tombés et leur a fait toucher des deux épaules le terreau du cimetière.

Encore suspects dans les provinces comme les sorciers au moyen-âge !

Le moutard qui est allé braconner le fourrage pour la bête ou le bois mort pour le foyer serait encore pardonné, si l'on pensait qu'il ne s'est glissé que pour cela dans le bois ou dans l'étable. Mais on croit qu'il est vendu au démon dès le berceau, à avoir vécu entre les chouettes de la somnambule et les serpents indiens du jongleur, et qu'il vient pour faire flamber le taillis ou jeter un sort aux bestiaux.

Le paysan a regardé les hommes, à la fête votive, manger du feu, avaler des sabres, sauter à travers les poignards, — métier d'assassin et d'incendiaire. La femme a exécuté la danse des œufs sans

en casser un; — ils ont du rouge plein
leurs habits !

D'où viennent-ils ? qui sont-ils ?

On arrête Casque de Fer, l'arracheur de
dents ; on arrête Aubry, le lutteur, et son
camarade le vieil âne qui les portait tous
avec la grosse caisse, les pistons, les
poids ! L'un échappe à grand'peine, l'autre
va au bagne — innocent! Dernièrement,
c'était toute une famille de clowns arrêtée
dans ses sauts périlleux, liée aux selles
des gendarmes et laissée des mois dans
la prison.

Moins libres que les autres, ces Juifs
errants, éternellement accusés, tout au
moins, d'être des voleurs d'enfants !

Dès qu'un gamin disparaît, ce sont les
saltimbanques qui l'ont pris. Les journaux
racontent de temps en temps qu'une mère
a reconnu sa fille sur les tréteaux, dans
la baraque, où on l'a battue et disloquée.

Mensonge et préjugé !

A chaque pas qu'ils font dans les villes,
l'autorité leur demande leurs papiers, à ces
malheureux. Avec leurs airs de touristes
sauvages, ils sont les forçats des mairies
et des commissariats. Ils n'ont pas le passeport jaune des galériens, mais peu s'en
faut.

Il se peut que des mères aient retrouvé
leurs demoiselles sur un trapèze ou avec
un boa pour de vrai sur les épaules. Ils
ont surpris leurs fils dans le mouchoir où
l'on plie les désossés, ou sous un tricorne
de Jocrisse. Mais garçon et fille étaient
venus là pour leur plaisir ou pour leur
pain, parce que la fille avait peur du couvent, parce que le garçon avait l'horreur du collège. Mais le patron de la baraque ne les a pas engagés, s'ils sont

mineurs, sans avoir prévenu les autorités,
— à moins qu'il ne les ait ramassés par
charité, — et qu'il ne leur ait laissé gagner la soupe que leur refusait le père.

J'ai connu le frère d'un des éditeurs les
plus célèbres de Paris, *bonisseur* dans u-
cirque de singes.

— Si mon frère voulait m'employer ou
m'aider, je n'*aboierais* pas, disait-il
J'ai mangé mon patrimoine en éditant les
discours d'un Père de l'Eglise ; il a doublé
le sien en éditant les discours d'un voltai-
rien. J'ai heureusement trouvé à être
paillasse ici... Allez-y, la grosse caisse,
prenez vos billets ! On va, on va lui couper la tête !

JULES VALLÈS.

LES FOIRES

III

C'est dans les foires que débutèrent les Loisset. — C'est sous une tente de nomades qu'est née celle qui vient d'être tuée en pleine jeunesse. Sa sœur avait épousé un prince. La morte a gagné ses éperons de noblesse aussi, amazone tombée sous son cheval, comme un blessé d'une grande bataille.

Malheureusement, la bête s'est cabrée dans la coulisse, — l'écuyère n'a pas été meurtrie en plein cirque. Son agonie a commencé dans l'obscurité, l'accident n'a pas arraché à une foule le grand cri de terreur et de pitié qui emplit d'orgueil et peuple, eu une minute, d'un monde d'émotions fières le cœur de la victime.

Emilie Loisset, la modeste, a été frappée dans l'ombre, elle a rendu le dernier soupir dans la paix d'un foyer tranquille, où glissait à peine une lueur de soleil, par ces jours de pluie froide, mortelle aussi pour la jeunesse des arbres.

Cependant, elle a eu ses heures de gloire, et elle aura des funérailles comm une fille respectée de la haute bourgeoisie, cette enfant de Bohème qui fit ses premiers *pâtés* dans le sable d'une arène de foire.

20 Avril 1882

Elle avait passé sa jeunesse, en selle sur des chevaux qui avaient valsé dans des manèges ambulants dont les flancs de toile avaient palpité au vent des villages, avant que la maison n'eût des côtes de bois et une échine de fer, comme celle que traînent maintenant à travers les capitales, dans leurs voitures à bande de pourpre et d'or, les Rancy, les De Rentz, les Carré...

Elle fut *du voyage*, et c'est pourquoi elle appartient au chapitre des *Tableaux de Paris* où l'on cause du champ de foire — qui est aussi champ de bataille et champ d'asile. Les étoiles nouvelles en arrivent, les étoiles qui s'éteignent y retournent. L'autre année, j'avais reconnu dans une baraque un clown qui était sorti de Paris vidé, fini, le plus fin jadis d'une famille dont tout le monde sait le nom, nœud de serpents, nid de merles, peloton d'agilistlistes et de musiciens. Il faisait l'*Auguste* dans la boue, avec des oripeaux fripés sur le dos et des larmes dans ses yeux saignants pour tout de bon sous son rouge à deux sous l'once.

C'est la chance qui les porte haut ou les jette à terre ! Il suffit de quinze jours d'averses pour noyer une fortune naissante de nomade ; il suffit d'une entorse pour briser une renommée de gymnaste débutant. Le clown dont je parle avait attrapé un tour de reins dans un saut périlleux. Il avait eu son avenir cassé net.

Si Emilie Loisset avait survécu et fût restée infirme, peut-être, chère et malheureuse enfant, serait-elle aussi retombée dans la poussière des places publiques, ne voulant rien devoir aux siens, et quoique mutilée tenant à gagner son pain elle-même. Elle aurait retrouvé des frères et des sœurs de jadis que la déveine avait laissés attachés à la roulotte poussiéreuse et pauvre, ou qui, comme elle, avaient dompté des pur-sang, devant une salle croulant d'enthousiasme, mais qui avaient manqué leur coup un jour et, au lieu de reparaître debout sur une selle brodée d'or, étaient allés rouler sur le tapis déchiré du début.

Sa mort affreuse vient au secours de la banque calomniée à laquelle la légende ne prête que des instincts d'irréguliers, des appétits de vice, une morale de bandit. Devant ce cercueil d'une échappée des caravanes, dont la mémoire restera pure comme celle d'une vierge simple et vaillante, ceux qui avaient la peur ou le mépris des saltimbanques y regarderont à deux fois avant de salir de leurs soupçons la jupe des écuyères, sur quelques tréteaux qu'on les voie !

Combien de ces forains sont morts comme Emilie Loisset, d'une chute terrible qui n'ont pour témoin qu'un valet d'écurie ou un camarade de métier !

Ceux qui avaient perdu leurs muscles à la bataille *faisaient le péril*, rien que le péril. Ils défiaient le péril.

— A dix sous par personne ! Le dernier qui a essayé l'exercice s'est tué. Mesdames et messieurs, c'est à donner la chair de poule. Montez, suivez le monde !

Le monde montait — le saltimbanque tombait.

Ne les prenez pas pour des fainéants, ces hommes en maillot ! Ils ont et le courage patient et le courage impétueux. Pour faire saigner votre curiosité, ils ont fait cent culbutes d'essai pendant les répéti-

-ions, et devant vous, emportés par l'orgueil ou consciencieux jusqu'à la folie, ils ont allongé le bond, doublé l'élan, pensant entraîner dans l'espace les grosses recettes à venir ou pris du vertige des grands artistes, ces bateleurs au diadème de cuivre.

Au surplus, les déguenillés deviennent rares, et les téméraires aussi ! Ceux qui redoutent les spectacles effrayants ou misérables peuvent se rassurer. Le bourgeoisisme est entré dans les baraques, et il n'y en a plus autant, ma foi ! qui font le *péril* ! ni autant qui tirent la langue.

Pour quelques-uns qui s'en tiennent au vieux jeu et ne récoltent rien dans l'assiette aux sous, combien qui ont marché avec le temps et sont devenus riches, tout comme des épiciers ou des marchands de grains — exploiteurs honnêtes, mais méthodiques, des monstres de laideur ou de force, des nains ou des hercules, des disloqués ou des géants !

J'ai longé le cours de Vincennes ; je suis entré dans les baraques pour établir le bilan de ces amuseurs de populaire, riches ou gueux.

Voici, absolument exacts, les chiffres que j'ai recueillis :

Emplacement : 2 fr. le mètre carré sur la façade ; 1 fr. sur la profondeur, y compris l'espace occupé par les voitures.

Installation du gaz : Premier mètre de branchement, 15 fr., le reste 2 fr. ; la tranchée, 3 fr. ; sur bitume ou sur pavage, 5 fr.

Droit des pauvres : 600 à 1,000 fr. donnés tout de suite ; ou bien, avec le contrôle, *25 pour 100* pour les grands spectacles ; pour les jeux mécaniques (tirs, chevaux de bois, etc.), 7 0/0.

Gages du bonisseur : 50 à 60 fr. par sinaine.

Gages du pître : 40 fr. par semaine. Clam et Bastien gagnent davantage. Il fournit son costume et profite de la vente des calembours.

Gages des musiciens : 4 fr. par jour. — Bidel a la musique militaire avec une autorisation du ministre de la guerre, et après s'être entendu avec le colonel et le chef de musique du régiment, 50 fr. par jour.

Gages des figurants : 3 fr. à 3 fr. 50 par jour.

Costumes : Mousquetaires et costumes de femmes, ordinaires, 150 fr.

GRANDES BARAQUES

Valeur du matériel : Delille — Cocherie — Marketti — Legoix — Lerchap. — 50,000 fr. tout compris.

Prix d'un décor : *la Biche au Bois*, chez Cocherie, peint par Chéret, 4,000 fr.

Prix d'entrée : 2 fr.; 1 fr.; 75 c.; 50 c.

Coût d'une féerie : *la Biche au Bois*, chez Cocherie, 25,000 fr.

Recettes de la foire : 8 à 10,000 fr.

DOMPTEURS

Valeur du matériel : Bidel. Ménagerie 300,000 fr.; baraque, voitures, cages, etc., 200,000 francs. — Reidembach : Ménagerie, 200,000 fr., le reste, 100,000 fr.

Prix de la cage aux exercices : 6,000 fr. (Danvillers, à la Chapelle, fabricant).

Gages d'un garçon de ménagerie : 40 francs par semaine.

Recettes de la foire : 15,000 fr. environ.

Prix d'un lion : Brutus, à Pezon, qui en a refusé 30,000 fr. — Prince, à M. Reidembach, qui en a refusé 40,000 fr. au Jardin zoologique d'Anvers, qui voulait l'acheter pour la reproduction. A déjà eu trente-cinq lionceaux.

Un lion adulte vaut 8,000 fr. Il mange pour 7 à 10 fr. par jour (2 jours du cheval, 1 jour du bœuf).

Prix d'un tigre : 5,000 fr. Bidel a payé son couple de tigres royaux 30,000 fr. (Ils mangent pour 7 à 10 fr. par jour).

Prix d'un éléphant : 6,000 fr. ; il mange pour 5 à 6 fr. par jour.

Prix d'une panthère : 800 fr. ; elle mange pour 5 fr. par jour.

Prix d'un serpent : 200 fr. ; il mange tous les six mois.

Prix d'entrée : 2 fr.; 1 fr.; 50 c.

LUTTEURS

Valeur du matériel : 6,000 fr.

Gages d'un lutteur : 70 à 80 fr. par semaine. Sans contrat, marché verbal.

Gages d'un comtois (compère qui demande un caleçon dans la foule) : 90 à 100 fr. par semaine.

Prix d'entrée : 25 et 15 c.

Recettes de la foire : 3,000 fr.

PHÉNOMÈNES

Contrat conclu avec les parents, si le phénomène est mineur, avec lui-même, s'il est majeur. 200 fr. par mois, nourriture et habillements.

Valeur du matériel : 1,500 fr.

Prix d'entrée : 15 et 25 c.

Recettes de la foire : 3 à 4,000 fr. — *Manche*, par jour, de 10 à 50 fr. (On appelle manche la quête personnelle faite, dans l'intérieur par l'artiste ou le phénomène.)

SOMNAMBULES

Prix d'une voiture : 2,000 fr.

Recettes de la foire : 1,200 fr.

MARIONNETTES

Décors : 100 fr.

Marionnettes : 25 fr.

Valeur du matériel : 2,000 fr.

Prix d'entrée : 5 et 10 c.

Recettes de la foire : 1,000 à 1,200 fr.

MUSÉES

Valeur du matériel : Voitures et baraques, 8,000 fr.

Anatomie : 30 à 35,000 fr.
Vues (d'optique) : 200 fr.
L'Inquisition (frères Mottard) : 30,000 fr.
Travail des bagnes (Baron) : 25,000 fr.
Prix d'entrée : 15 et 25 c.
Recettes de la foire : 4,000 fr. environ.

TIRS A LA CARABINE

Valeur du matériel : 1,500 fr.
Recettes de la foire : 1,000 à 1,200 fr.

CHEVAUX DE BOIS

Valeur du matériel : 12,000 à 80,000 fr.
Recettes de la foire : 1,200 fr.
Gages de l'employé : 6 fr., plus les petits pourboires.

VÉLOCIPÈDES

Valeur du matériel : 2,000 fr.
Recettes de la foire : 2,000 fr.

CHEMINS DE FER

Valeur du matériel : 5,000 fr.
Recettes de la foire : 2,000 fr.

BALANÇOIRES

Valeur du matériel : 600 fr.
Recettes de la foire : 600 fr.

ROUES ET BALLONS (Lebon, allée des Veuves, fabricant)

Valeur du matériel : 3,000 fr.
Recettes de la foire : 1,200 fr.

LOTERIES

Prix du matériel : 12 à 15,000 fr.
Recettes de la foire : 2,000 à 2,500 fr.

JEUX DE HASARD

Valeur du matériel : 600 fr., avec deux

tourniquets.

Recettes de la foire : 600 fr. environ.

MARCHANDS DE PAIN D'ÉPICE

Valeur du matériel : 4,000 fr.
Recettes de la foire : 3,000 fr.

ART

Tableaux : (prise de crocodiles, têtes couronnées, veaux à cinq pattes, grosses femmes, muses, nains, géants, hercules, la mâchoire de Samson, le baiser d'une mère, forçats, André Vesale, Kroumirs, l'homme-squelette et la femme-panthère).

Tout à 10 fr. le mètre carré.

Peintres ordinaires : Sonthonnax, à Malakoff; Couderc, rue de Vanves, 46. Le plus célèbre fut Auclair, 5, rue Clovis.

Avez-vous remarqué à combien se monte le droit des pauvres ?

VINGT-CINQ POUR CENT. Le quart de la recette !...

JULES VALLÈS.

(Entresort et Règlement
(La hausse des terrains.)

LES FOIRES

IV

Par les portes de Paris, n'entrent plus,
à l'heure du crépuscule, le long des fos-
sés pleins d'ortie et de folle avoine, les
Sautados et les Romané-Michels à la face
jaune et marbrée comme le nombril des
grosses-caisses, aux yeux clignotants et
bridés comme tous ceux qu'a battus longtemps sur les grandes routes le fouet du
vent et qu'a piqués la baïonnette du soleil !

Plus de Bias en maillot portant avec eux
toute leur fortune, tambour au dos, enfant
ou singe sur l'épaule, avec le chien savant
entre les jambes, levant de temps en temps
le museau, comme son maître lève le
front, pour sentir s'il y a de l'eau dans le
vent. Chaque goutte de pluie qui tombe,
c'est une goutte de cuivre en moins dans
la sébile qu'on lui mettra aux dents, c'est
un morceau de sucre qui fond en l'air. Il
le sait : aussi quand arrive l'averse, il gémit à la faim, il hurle à la débine ! Pauvre
Munito que les reines prenaient sur leurs
genoux autrefois, à qui les dauphins ti-
raient la queue, et qui tire celle du diable
maintenant : un tour qu'il aurait préféré
ne jamais savoir ! Tandis que les déclassés pullulent et tiennent même le haut du
pavé dans le monde des arts du journa-
lisme et de la politique, on n'en veut plus
sur le champ de foire.

27 Avril 1882

Tout y est étiqueté, chiffré aujourd'hui ! Le pauvre saltimbanque de Théodore de Banville est *au mois* dans les baraques. Il n'a plus la belle maladie des vagabonds. Lui aussi, comme un forçat du bagne ou du Creuzot, est un numéro qui vient au coup de cloche travailler sur un tapis qui a coûté au patron de la caravane aussi cher à lui seul que coûtait jadis un entresort où grouillait toute une famille de bohèmes !

L'Entresort primitif — avec ses volets verts aux gonds rouillés, sa robe mangée par la pluie, son toit tremblant sous l'orage, — à la fois cuisine, dortoir et estrade des monstres ; qui ne tenait à la terre que par l'orbe de ses roues et les pattes d'un escalier volant qu'on relevait la foire finie, cet entresort-là, qui comme l'arche de Noé portait entre ses flancs délabrés un monde d'hommes et de bêtes inconnus, il est allé où vont les vieilles lunes !

Seules, les somnambules ont gardé l'entresort ; les devineresses aux cheveux de bitume ou à la crinière électrique sont à l'abri, là-dedans, comme les fugitifs autrefois dans les temples de Rome. Elles ont survécu à la métamorphose du passé, celles qui prédisent l'avenir.

Mais encore ont-elles dû, pour ne pas faire tache, peinturlurer et rajeunir la vieille voiture qui avait jadis, par calcul comme par misère, des airs de crapaud dans la vase.

Ce n'est plus une roulotte maigre et cassée qui suffit aux banquistes devenus banquiers, aux bateleurs devenus patrons — patrons comme les autres ! Le luxe des choses se paye de la liberté des gens.

Voulez-vous savoir comment l'on dose l'indépendance de ces irréguliers et comment est faite la cage dans laquelle ils vivent comme des animaux de ménagerie? J'ai visité et mesuré l'une d'elles.

Deux mètres de large sur six de long et deux de hauteur : cela divisé en deux cabines. La première (3 mètres 50) sert de cuisine et de salle à manger. Table longue et étroite; caisses servant de sièges, appelées bancs-coffres, un fourneau dit cuisinière, deux buffets en placards.

La seconde pièce communique à la première par une porte à deux battants, de 2 mètres 50 centimètres.

Dans le fond un lit pour deux personnes. Elle est éclairée comme l'autre par six vasistas de 45 centimètres carrés. Le tout est monté sur quatre roues et sur six ressorts.

La roulotte des employés est construite et aménagée de même, avec cette différence que la première chambre sert de magasin aux décors; la seconde de dortoir aux employés.

Au-dessus de la porte on lit le règlement suivant :

Article 1ᵉʳ. — Tout employé devra balayer la voiture à tour de rôle avant dix heures du matin, sous peine de 15 centimes d'amende.

Art. 2. — Chaque employé est tenu de faire son lit avant dix heures, sous peine de 10 centimes d'amende.

Art. 3. — Pour ne pas remettre les objets nécessaires à la toilette en place, après s'en être servi : 5 centimes d'amende.

Art. 4. — Lors de leur coucher, les em-

ployés ne pourront laisser la lumière plus
le quinze minutes, sous peine de 10 centimes d'amende.

Art. 5. — Pour fumer dans la voiture,
10 centimes d'amende.

Echappez-vous donc du collège avec le
rêve de devenir clown, hercule, dompteur
de chevaux, insulteur de dangers, avec
l'envie de l'aventure hardie et de la liberté farouche, pour tomber sous la coupe
de ce règlement de la baraque !

Ah ! ce n'était pas ainsi quand celui qui
levait le condé n'avait guère plus d'argent que les gagistes et était souvent
celui qui peinait le plus, offrant son derrière pour la parade, tendant ses reins
pour le fardeau, meurtrissant son épaule
contre la roulotte embourbée. C'était
comme entre petits fabricants et ouvriers
dans le quartier du Marais ou du Temple.

Lever le condé, c'était avoir l'autorisation de la préfecture. Celui qui l'obtenait
devenait le répondant devant les autorités.
Voilà tout, et à lui de tirer parti de ce
chiffon de papier qui lui donnait le droit
de montrer des curiosités vivantes ou
mortes, à son choix. Souvent il avait le
frère aîné comme équilibriste et le frère
cadet comme fœtus; l'un sur le trapèze
dans les frises, l'autre dans le ventre d'un
bocal ! laissant celui-ci boire l'eau-de-vie
dans laquelle avait nagé celui-là — quand
on le changeait d'esprit-de-vin.

Mais, peu à peu, les boursicots gon-
flèrent dans les poches des économes, ser-
vis par la chance, ayant eu d'affilée des
saisons pleines de soleil et des monstres
d'un repoussant à faire florès. Un homme-
squelette suffit à engraisser le magot;
une femme à barbe ajoute du crin au ma-

telas.

Bizarrerie plus grande que le veau à
deux têtes : c'est au baron Haussmann
que les saltimbanques enrichis doivent
pour la plupart leur envolée vers la fortune.

Oui, les hasards de l'histoire, les révolutions qui ont l'air de ne pas songer aux
bicéphales, ont fait rouler la monnaie
dans les vieux sacs à malice de l'ancienne
et misérable bohème.

Voici comment.

L'entresort d'antan, si pauvre qu'il fût,
devait bien chercher une place où dormir,
pendant les mortes-saisons.

Les saltimbanques battirent la plaine
déserte de Vanves, et louèrent, à tant le
mètre, des coins de terre crayeuse et in-
fertile, où ils campèrent dans l'intervalle
des foires. S'ils n'y vivaient pas, leur matériel au moins y sommeillait.

Acheter cette gale de terrain au lieu de
la louer, ne demanda pas grosse saignée
à la bourse des bateleurs, au prix où se dé-
bitait le mètre carré dans ces parages
abandonnés et lamentables.

Casser des cailloux sur le ventre du sol,
soulever des pierres, disloquer de la ferraille ; c'était continuer le voyage et le métier, où tout le monde donnait quand il
fallait planter la tente ou lever le camp.

Ils firent comme l'homme de Jean-Jacques, ces incomplets, ces surabondants.
Ils enfoncèrent leurs pieux, puis ils eurent une palissade, et dirent : « Ceci est à
nous. »

La maison sortit de terre ; la ville à ce
moment sortait de son enceinte — la population débordait hors des murs comme
une gorge de grosse femme à l'étroit dans
une robe de reine, sur des tréteaux d'en-

tresort. Les terrains valurent deux fois,
vingt fois ce qu'ils avaient coûté — les
saltimbanques étaient riches !

Ils empruntèrent pour bâtir, ils empruntèrent ensuite sur la bâtisse, et plon-
geant dans le mouvement, sentant d'où
venait le vent, ces interrogeurs d'horizon,
ils arrachèrent à César de Bazan son manteau de guenilles et collèrent sur les épaules de leurs gagistes des costumes où l'or
dansait en paillettes comme dans une
bouteille de dantzig !

Et voilà pourquoi dans la seule rue de
Vanves, Laroche, Cocherie, Marketti et
d'autres encore ont pignon sur rue. La
maison de Laroche, le doyen, l'ancêtre,
le patriarche de la banque, vaut deux cent
mille francs comme un sou. Celle de Cocherie, son voisin de gauche, celle d'un
exploiteur de bains, son voisin d'en face,
doivent rapporter aussi de quoi payer les
pensions des filles au Sacré-Cœur ou celles des fils à la Polytechnique.

Il y a mieux : le descendant d'un de
ces exhibeurs de phénomènes est en train
de devenir une célébrité du monde savant.
On a prononcé son nom et salué son œuvre dans les gazettes des jours derniers !

Il a, d'une exploration lointaine, rame-
né des gorilles, pas pour les baraques de
son père, mais pour les musées de son
pays.

Cherchez !

JULES VALLÈS.

LE PETIT MAZAS

Au moment de parler des Expositions, ce coin lumineux de la grande vie moderne de Paris, un hasard me ramène à la pauvreté et à la boue.

Un chiffonnier, qui a posé pour un Père éternel, dans un tableau refusé, me reconnaît à la porte du palais de l'Industrie. Je l'ai connu jadis, à cet assommoir de Saint-Ouen, dont j'ai parlé ici même.

— Vous savez, c'est dans le Petit Mazas que j'étais tout en pied. J'ai lu votre Casserole. Vous ne parlerez pas du Petit Mazas ?

Ma foi, si ! Je vais venger l'artiste éconduit, et opposer à la débauche de couleurs roses du salon la crasse de cette tribu de pouilleux.

Le Petit-Mazas est la grande cité des Biffins. L'entrée donne, comme celle de la Casserole, sur la route de la Révolte : c'est une ruelle qui s'allonge, dans la vase, jusqu'à une haie de chardons qui sert de limite au dernier taudis.

Taudis ? Ce mot est bien noble !

4 Mai 1882

Des cages à lapins ou des étables à cochons, de petites huttes à couverture de papier bitumé que crève la pluie et démantibule le vent. La terre fangeuse suinte, sous leurs pieds ou sous leurs épaules, suivant qu'ils sont debout ou couchés, le plâtre s'effrite des murs tout rongés par l'eau et ébranlés par les frottements des locataires qui écrasent la vermine blottie entre leur peau et leurs guenilles. Il y a quelques chiffons pourris qui servent de matelas dans un coin; un berceau moisi, abandonné par des pauvres, où un enfant dort dans un sac.

C'est là-dedans que vivent les dandys de la hotte et les calés du Biffinage; ceux qui ont des enfants et une femme, — légale ou *au petit pot*, — ainsi que l'on nomme les concubines dans ce pays. C'est là qu'ils élèvent leur famille ou se tordent dans les délices de la lune d miel.

Les bambins, ma foi, bâtards ou légitimes, n'ont pas l'air plus malheureux que les fils de riches et les bébés mordent au sein de la chiffonnière, leur mère, avec autant d'appétit que les autres aux mamelles payées de leur nourrice.

Ceux qui sont *grandets* déjà font leurs petits tas d'ordures avec le même sérieux que les babys des Tuileries font leur tas de sable, et ils ont plus de joujoux que les héritiers des millionnaires. Le père a ramassé cela, pourri, décollé, cassé, — mais leurs gros yeux bleus et leurs menottes grassouillettes s'écarquillent tout de même pour regarder et saisir le polichinelle ou la poupée, et les papas les font rire tout comme d'autres, en les agaçant de leur doigt crotté ou en les chacouillant de leur barbe pouilleuse.

On se bat souvent au Petit Mazas, mais il a aussi ses heures de calme bourgeois et ses habitudes tranquilles. Il ne faut pas perdre trop de temps à se manger le nez; on a un loyer à payer : un loyer qui court à un liard l'heure.

Un liard ! même un peu plus; ils donnent cinquante sous par semaine, les malheureux ! Cinquante sous, ce trou-là, et ils déposent leur argent d'avance ! Si le lundi ils ne payent pas, on les chasse.

Quel est donc l'usurier qui spécule ainsi sur leur misère et se fait avec ces trente-cinq étables cent francs de revenu tous les huit jours, — soit plus de cinq mille livres de rente par an?

Cet usurier est une femme qui vient en personne toucher son dû, n'a pas peur de s'aventurer parmi ce monde sans foi ni loi, et qui pousse elle-même, par les épaules, hors de leur cassine, ceux qui ne sont pas en mesure. Elle flanque tout à la rue, le mari, la mère, et les petits enfants, et il ne s'en est pas encore trouvé un seul qui lui ait fracturé la mâchoire ou arraché la langue dans un moment de désespoir.

Ils ont peur de la justice; puis la misère rend toujours lâche. Peut-être, aussi se jugent-ils coupables parce qu'ils n'ont rien, et ils s'en vont, penauds et honteux, plutôt qu'irrités et furieux ; ils ne voient pas rouge, ils rient jaune : ils ont, ces gueux, le respect et la crainte de qui porte, en guise de scapulaire, une bourse pleine d'or.

Les chiens seuls aboient. Tout chiffonnier du Petit-Mazas a son compagnon qui garde sa hotte pleine, le jour, et son bout de jardin la nuit. Car il y a un jardin, large comme le mouchoir de poche d'un invalide, devant la plupart des cahutes.

Il n'y pousse rien, les lilas y crèvent, les fleurs qu'on y plante meurent, mais le chiffonnier peut s'étendre là, le ventre au soleil, la marmaille peut s'y vautrer, et à l'heure de la besogne on a de la place pour le triage.

Car rien ne se perd, rien; pas un brin de viande ou de laine, pas une miette de fer ou de pain, pas la tête d'une carotte ou le cul d'un verre; ce qui était moisi, pourri, se change en graisse de ressort, huile de machine, pommade de locomotive; ce qui était fané, brisé, déshonoré redevient luisant, se recolle et se ressoude; l'industrie refait à tout une virginité.

S'il y a un os qui ait encore de la peau, on le gratte; s'il y a un chou à moitié pourri, on le nettoie; la famille mange la chair, l'enfant suce le manche; les trognons tournoient dans l'écume du pot au feu. Deux heures de cuisson et un bain de vinaigre lavent et brûlent bien des plaies. Quand l'on est dégoûté *de la légume*, parce qu'on y a trouvé un cheveu, ou de la viande, parce qu'on y a trouvé... des strophes, le tout est abandonné au chien ou aux lapins et l'on secoue, ainsi qu'un van plein d'avoine, la hotte frémissante sur la cage à poulets.

On va chez les marchands, on peut acheter du gigot chez le boucher, de la salade chez la fruitière, rien qu'avec le produit de sa course si l'on n'a pas flâné et si l'on est un *emplacé*...

Emplacé, cela veut dire chanoine dans l'Eglise, officier supérieur dans l'armée, c'est l'empiètement du privilège, le droit divin du hasard, la force terrible du capital, c'est le problème social résolu contre le *coureur* au bénéfice du *douillard*. Ils appellent douillard celui qui a, par héritage ou par épargne, quelques sous qui ui permettront d'acquérir un coin de rue, trois portes, un grand hôtel; c'est-à-dire être appelé aux fonctions de majordome de l'ordure, dans les intérieurs où l'on mange bien, et où le baquet est plein jusqu'aux bords.

Un chiffonnier a, par hasard, été remarqué du concierge ou de la cuisinière; il a aidé l'un à refermer la porte cochère, après que la voiture était rentrée; il a aidé l'autre à ramasser quelques fruits tombés de son panier; il a, en fouillant le tas devant la maison, trouvé un *portefeuille*, une boucle d'oreille, une cuillère d'argent et rapporté la cuiller, le carnet ou le bijou. Sa réputation d'honnête homme est faite; tous les résidus de la maison lui sont désormais acquis; sa position est claire, sa vie assise. Ce n'est plus un coureur. C'est un *emplacé*, il a un poste, une prébende, un revenu! Tous les escaliers des environs vomissent dans sa hotte le trop-plein des garde-manger et la poussière californienne du cabinet de toilette et du salon, flacons de senteur, restes de bougie, rubans à moitié fanés, fausses nattes, fausses poitrines et fausses hanches.

Il est de ces coins qui rapportent cent sous par jour! la valeur se détermine d'après le quartier. Une place au faubourg Saint-Jacques n'est rien à côté d'une place au faubourg Saint-Germain ; on a vu vendre cinq cents francs un tout petit bout de trottoir à la rue Saint-Honoré.

C'est comme un fonds d'épicerie ou plutôt comme une charge de notaire, car il faut que le successeur soit agréé, plaise à la bonne ou au valet de chambre, ne déplaise pas au concierge ou au suisse, et que madame ne se plaigne point qu'il sent trop mauvais, si elle le rencontre dans la cour ou près de la cuisine. Pour demeurer en faveur, le titulaire est forcé de rendre à la domesticité et aux gens des communs quelques petits services : il porte un seau d'eau au besoin, décrotte une roue de voiture, porte les lettres du chef à sa connaissance, et *balance Jules* si cela presse.

« J'ai *balancé Jules* un matin chez le marquis de V... »

Quand un biffin dit cela, il se pousse du col, et ses voisins le regardent en louchant d'envie ; — il y en a aussi qui se vantent et qui n'ont rien balancé du tout...

L'emplacé est quelquefois obligé d'avoir une charrette pour ramasser tout, et c'est alors qu'apparaît, majestueux dans son allure, insolent dans son luxe, le biffin à cheval !

Il n'enfourche pas sa rosse, il l'attelle à une voiture qui a le ventre en fer neuf et des muscles en acier fin ; quand il a fait sa tournée, enlevé son contingent d'ordures, il peut filer à la campagne et emporter la maisonnée manger une friture au Bas-Meudon.

Il demeure souvent dans une maison qui rit au midi et dont les pieds, chaussés d'herbe fine, trempent le matin dans la rosée.

Comme nous sommes loin du coureur qui couche dans la plaine et qui, en rôdant tout un soir, jusqu'à la nuit profonde, ne récolte pas quarante sous ! « *Habent sua fata biffini* », me disait celui qui savait le latin.

Revenons au Petit Mazas.

Une fois le triage fait, l'on mêle tout ce qui, au poids, est payé le même prix.

L'os, le cristal cassé et le pain malpropre valent un sou la livre. Deux sous le chiffon blanc sale, coton ou toile non teint.. Quatre sous le blanc propre. Quatre sous le zinc, le plomb, la graisse.

Entendons-nous, la graisse première qualité se vend directement aux marchands de pommes de terre frites qui viennent s'approvisionner là. C'est celle du poisson mort, du chat crevé, celle qu'on cueille sur l'os ou qu'on trouve dans les pots de cold-cream et les flacons de pommade.

On fond cela dans des chaudières ; le feu purifie tout, et Gavroche se lèche les doigts des beignets dont on a jeté la pâte dans cette nouvelle graisse moelleuse et blanche qui chante dans la poêle comme du beurre d'Isigny.

On vend cinquante sous le quintal les vieilles chaussures qu'on fera brûler et qui serviront à tremper les ressorts de voiture. Cinquante sous aussi le quintal de ferraille, mais le cuivre se paye, haut la main, huit sous la livre. La laine veule — que n'a pas tordue le métier — fraîche ou crottée, vaut dix, douze et quatorze sous. Dix sous un vieux chapeau.

Cinq boîtes à sardines : deux sous. On les envoyait jadis à Haïti pour étoiler dans les bonnets à poil des généraux de

Soulouque ; maintenant on les soumet au feu ; l'étain tombe, on les redresse sur un mandrin et elles servent à faire des jouets d'enfant.

L'affiche sale ou propre, rouge ou blanche, deux liards la livre. La chaussette sale vingt centimes, la chaussette propre quarante centimes le kilo.

Une peau de chat saine, c'est dix sous. Une livre de cheveux de femme, sept francs ! Le perruquier fait sa tournée et récolte les chignons.

L'industrie réavale tout. Si demain les biffins faisaient grève, il y aurait des brasiers qui s'éteindraient, des métiers qui cesseraient de battre et, dit-on, des restaurateurs qui fermeraient.

JULES VALLÈS.

LE
TABLEAU DE PARIS

LA FRANCE

LE
TABLEAU DE PARIS

Préface
(Paris fait de Province.)

On a pu rêver de tuer Paris. C'est un bonhomme qu'on ne tue pas, parce qu'il est le moteur des grandes audaces et le frère de tous les meurtris. Il ouvre les bras à quiconque a une conviction ou une douleur à armer, à qui veut cacher sa misère ou la mettre en batterie.

Même, il faut dire qu'il ne tire pas sa grandeur de ses seules entrailles. Il emmagasine des forces qui lui arrivent dans des caboches trop grosses ou dans des poitrines trop larges pour la province, qui mesure tout à la vieille aune, et ne sait pas qu'il y a, tous les dix ans, un nouveau système métrique de l'idée.

On a essayé d'établir un antagonisme entre lui et le reste de la France. On disait qu'il voulait être le maître orgueilleux du pays. Allons donc ! Il n'est que le fils généreux de la patrie !

16 Juin 1882.

Il n'est fort et il n'est grand que parce que son sang se renouvelle et se rafraîchit chaque fois que, dans le fond d'un département, un gars, de volonté ou de courage est blessé, qui vient laver sa plaie dans l'eau de la Seine et loger son cœur dans le grand cœur de Paris !

La santé de la capitale est faite de toutes ces fièvres de cantons.

Il faut aimer Paris, parce que chacun peut retrouver, ici ou là, un souvenir de chef-lieu ou de village.

Ne dites pas que ce n'est pas la France ! Chaque département y a son bout de tente, sa charrette de cantinière, dans un coin de bivouac, —homme du nord ou du midi, de la montagne ou de la plaine.

Le caractère de chaque race est fiché dans un coin du sol, quelquefois avec des bornes-frontières autour des boutiques ou des logis.

Il y a des rues tout entières, presque des quartiers, qui appartiennent à des gens venus de province, ainsi que les porte-faucilles descendent dans les campagnes pour la moisson. Ils la mettent à bas et s'en vont, ne laissant derrière eux que la paille au ras de terre. Ceux qui sont venus à Paris y apportent, comme graines, les vertus de leurs origines, et cela s'envole moins vite que la poussière faite au Champ de Mars par l'armée de la fédération. Les racines s'étendent et s'allongent, pour aller rejoindre les arbres et les traditions du pays natal.

Tout ce qu'il y a d'intelligence et d'énergie française vient prendre sa force, mais aussi laisse couler de sa sève, entre les pavés de Paris si fréquemment soulevés!

Et dans ce mouvement, non pas d'absorption, mais d'échange, les esprits s'aiguisent, la langue s'enrichit, les traditions se cassent.

Entrons tout de suite de plein pied dans le Paris qui grouille!

Du premier coup, et rien qu'à plonger l'œil dans le fleuve, on devine qu'il y a eu du nouveau!

Dans ce fleuve-là il y avait, pas plus tard qu'il y a dix ans, comme deux courants, — le courant bleu et le courant rouge, celui des blouses et celui des culottes garance. C'étaient les deux grandes traînées de couleurs ennemies, le Travail et la Force, roulant chacun de son côté, mais, sur un coup de tonnerre, sous le feu d'un éclair parti du Forum, tout à coup se joignant et s'échevelant sur le bord de l'abîme.

Eh bien, c'est à peine si l'on voit maintenant la blouse bleue sur le dos des manieurs d'outil, et les pantalons garance sur le derrière des capitaines. Ils s'habillent en bourgeois, ces anciens sabreurs de pékins! Les ouvriers n'en sont point à la redingote encore, mais ils ont la veste longue ou le paletot court. Il n'y a plus, à vrai dire, l'uniforme des deux armées, celle des casernes et celle des ateliers!

A un autre signe, on voit que la po-

lice, la sale police de jadis, est en train
de filer un mauvais coton tout gluant de
sang caillé. Voici que le sergent de ville
est jeune, — même blond, comme le po-
liceman de Londres. Allons ! quoique
les casse-têtes aient fait merveille au
quartier Latin, le règne du vieux sergo,
à la face vile et féroce, passe. Sans doute,
tant qu'il y aura une *préfectance* et
un Préfet de police, on cognera, parfois,
à tort et à travers, au nom de l'ordre et
de la loi. Mais, de ce que je vois les
gardiens de la paix en moustaches paille,
souriants et roses, je conclus à la déca-
dence de la brutalité.

Encore un espoir. — Plus de tambours !

Je me rappellerai toujours l'impression
de douleur que je ressentis, un soir, à
Francfort, en entendant les batteurs de
caisse en tête d'un bataillon ! Je venais
de passer cinq ans dans cette Angleterre
où jamais les régiments ne crânent dans
les rues, où les rras et les flas ne brunis-
sent pas, en public, le nombril des peaux
d'âne.

Cette batterie me rappelait la guerre,
la guerre bête et criminelle, me rejetait
pour la première fois dans le souvenir
du siège et de l'invasion !

Et je me disais que la folie des parades
militaires était peut-être dans les veines
françaises, et que toujours les gamins à
barbe tricoteraient des jambes derrière
les tapins tricotant des baguettes sur le
ventre de leurs tambours !

Eh bien, non ! les baguettes sont cassées! Cen'est pas la volonté d'un ministre qui les a sciées, c'est l'ironie de la foule, — ironie douloureuse des vaincus qui se sont souve qu'aux heures tragiques elles avaient fait plus de bruit que les chassepots ne firent de besogne.

—La foule! On ne la comptait pas autrefois.

Les historiens regardaient en haut, point en bas. Ils croyaient que la patrie appartenait à quelques meneurs, que les bergers étaient les maîtres, avec des dogues de combat pour faire la leçon et montrer, à coups de dents, le chemin au troupeau.

S'il en fut ainsi jadis, il n'en est plus de même aujourd'hui. Personne n'est sûr de conduire la masse, nul ne la domine et ne l'opprime. On peut bien la supplicier avec les instruments de tyrannie du vieux monde. Mais de ce que cette armée anonyme souffre, elle n'est pour cela ni résignée, ni vaincue! Et c'est elle qui a toujours le dernier mot.

Pas un progrès ne s'accuse, pas une Bastille de préjugés ne s'emporte, pas un obstacle ne s'écroule, si l'idée de la révolte ou de la conquête n'est pas éparpillée à travers Paris, dans un million de volontés ignorées, qui, sans se connaître, forment faisceau et tiennent un muet conseil de guerre. Elles prennent alors n'importe quel nom pour enseigne, nom collé, comme marque de commerce, sur l'idée fabriquée dans l'immense atelier anonyme.

C'est pourquoi ils ont tort, ceux qui croient que tel ou tel homme peut soulever ou enchaîner la Ville.

Non! c'est de toutes parts que vient la force, absolument comme les inventions sont trouvées, grain par grain, goutte par goutte, dans des tamis ou des cornues placés on ne sait où! Un beau matin, un homme donne la matrice d'une formule à tous ces éléments dispersés, — et l'on dit qu'il a du génie! Il n'a fait qu'accoucher le peuple en travail!

Aller dans ce peuple, partout où il y a une pensée qui couve sous un toit pauvre ou maudit, dans une maison libre ou une maison d'Etat, partout où il y a un ridicule en uniforme, un vice en vogue, un mal en honneur, c'est mettre sous les yeux de Paris les ressorts rouillés ou luisants, de fer honnête ou d'or canaille, de toute la mécanique sociale.

Peut-être à les voir, là, palpiter comme des tronçons vivants, on prendra pitié des souffrances et l'on verra ce que valent l'élixir des empiriques, les cataplasmes des philanthropes et les potions de la charité!

Les malentendus qui arment les classes les unes contre les autres viennent de ce que certaines douleurs et certains supplices sont ignorés, de ce que certaines sottises restent dans l'ombre. On en est encore aussi au respect d'institutions qui eurent leur grandeur, mais qui aujourd'hui sont des insultes au génie moderne et encombrent la marche en avant.

Il ne s'agira pas de les décapiter, mais de les décoiffer, de soulever la calotte de pierre ou de marbre qui couvre leur calvitie et leur décrépitude.

Je n'arrive pas avec une cocarde : les cocardes ne servent à rien dans les livres. Je me contenterai de décrire le champ de bataille. Car c'est un champ de bataille éternel, ce Paris, même en temps de trêve. — Et je ne sais guère s'il n'y a pas plus de victimes, par les temps où le sang ne coule point au soleil. On a du pain et un fusil pendant qu'on se bat, on mange et on se défend, on prend d'assaut les râteliers où il y a des miches ou des armes. — C'est la guerre !

Ah ! je la hais ! et c'est le désespoir au cœur que je suis entré et que je rentrerai dans le combat. Mais ne savez-vous pas que le monde nouveau a tous les jours des milliers de victimes, et que toutes les semaines de Paris sont sanglantes !

Dans les faubourgs, la machine mutile, la faim assassine. Chez les bourgeois, le suicide rougit le guichet des caisses ou le tapis des fumoirs. Chez les nobles, le déshonneur est entré dans le blason comme les cochers dans l'alcôve.

Je n'oublierai pas toutefois que ce Paris qui souffre, a la belle santé du rire, et qu'on tire sur le chagrin ou la misère avec le canon — de la bouteille ou les balles de liège des grands mousjeux.

Le petit Joë de Dickens se contente de pleurer et de mourir : Gavroche blague et épaule !

Il fera encore partir des pétards entre les jambes des sergos devant *son* Hôtel de Ville, au 14 juillet, le jour de l'inauguration.

Ce jour-là, on plantera un bouquet au faîte de la maison commune — un bouquet que ne roussiront pas les flambées des grandes tempêtes si on le noue, par une faveur rouge, à ce paratonnerre qui détourne toujours la foudre et qui s'appelle la liberté.

Jules Vallès.

LIBERTÉ !

C'est bien la liberté, déjà conquise ou toujours réclamée, qui rend le Parisien amoureux fou de sa ville.

Est citoyen de Paris, c'est entendu, non pas seulement celui qui a vu le jour dans l'enceinte des fortifications, mais celui qui a conquis droit de cité par la part prise dans le combat, qui a gagné les belles fièvres du boulevard et du faubourg, et dont les lettres de naturalisation ont été souvent méritées par des années de vie obscure et de douleur vaillante !

A regarder ce naturalisé-là et le *né natif* du carré Saint-Martin, on s'y trompe, si l'accent du terroir n'a point laissé dans la gorge de son cuivre ou de sa graisse.

Ce n'est pas le sang de la race, l'odeur du berceau, qui fatalement ont donné ses qualités au petit être qui a cassé son œuf sous le ciel qu'égratignent le clocher de Notre-Dame et le dôme du Panthéon, — l'étable ne le sanctifie pas comme celle de Bethléem ; — c'est la vie menée sous ce ciel-là qui fait le Parisien.

23 Juin 1882.

Au premier pas dans la ville immense, l'arrivant a presque toujours des tristesses et des effrois mortels.

Combien de frais débarqués sont allés s'abattre, ahuris et épouvantés, sur l'un des bancs placés le long des grandes voies, peints en vert, — couleur d'espoir, disait-on au village, — mais où ils s'affalaient bien désespérés, les conscrits de la grande armée de Paris!

Ils ne voyaient, hélas! que des gens haletants et fiévreux qui couraient, ainsi que des poursuivis, à travers les pelotons de piétons, le fourmillement des voitures, au milieu des hennissements et des cris, paraissant une minute sur le refuge, le temps de reprendre haleine comme des plongeurs, et repiquant une tête dans le remous des rues.

Les coups de coude, les coups d'épaule, peut-être les coups de langue des blagueurs et même les coups de fouet du voiturier les ont cinglés ou meurtris.

Quatre-vingt-dix sur cent repartiraient le soir même, s'il y avait, ainsi que chez eux, le *courrier* qui prend du monde sur les portes, le *messager* qui se charge des colis, la diligence qui arrête le galop de ses chevaux pour enlever au relai postillon et voyageurs; ils sauteraient sur le marchepied, et iraient se poser là-haut en lapin, quittes à se fourrer sous la bâche quand on reverrait le pays, lâché l'avant-veille, et auquel on avait montré le poing, en jurant qu'on n'y reviendrait qu'avec un nom et un magot.

Mais, heureusement pour l'orgueil de ces révoltés, le coucou ne passe pas ; le cocher ne leur tend point la lanière de cuir qui aide à grimper jusqu'à lui, et ils restent — pleurant parfois. Ces pleurs-là ne font pas de mal ; la poussière les sèche dans le larmier et la vigueur même de l'émotion première sauve ces gars des douleurs menues ; ils comprennent du coup que le petit courage de province ne suffit plus ; que les petits efforts et les petits sentiments seront écrasés, — comme les cerises dont leur mère faisait des confitures — sous le pied de cette foule qui fait, à de certains jours, une marmelade d'hommes et d'idées où le sang coule plus que coulait le jus des fruits.

Il souffre d'être isolé, de passer inaperçu, le provincial !

Là-bas, quand il était pâle, on le lui disait en lui serrant la main : « Pauvre petiot ! » C'était l'évènement du quartier, l'actualité du jour !

Non, ici, on ne s'arrêtera pas pour le plaindre, s'il geint de ne pas avoir trouvé la lune, qu'il croyait que Paris allait tirer de son grand seau pour la lui donner ! Et il accuse d'égoïsme tout ce monde qui court sans interroger sa peine ni cajoler son ennui.

Il ne se doute pas qu'il le remerciera et le bénira, ce soi-disant égoïsme des passants, qui est le père de sa liberté.

Au village, on soignait ses faiblesses

et l'on remarquait sur son front les nua-
ges, mais on remarquait aussi à son
habit les taches, à son nom les accrocs.
Entre les murs des petites villes, on
épluche la vie de chacun, on l'espionne
même, on l'insulte et on la salit, pour
peu qu'il ait jailli de n'importe quel
ruisseau une éclaboussure, qu'un parent
ait failli à l'honneur, qu'une parente ait
failli à la chasteté.

Paris, lui, ne regarde pas les nouvelles
reerues pleurnichant dans la foule, mais
il ne s'arrête pas non plus devant les
hasards douloureux qui attèignent la
réputation des isolés ! Il étend plutôt
sur les malheurs privés la grande indulgence publique. Il ne dirige sur les criminels la loupe qui grossit les faits, que
quand l'esquille d'une des blessure.
troue le voile de son indifférence, perce
le papier des journaux dans la colonne
des nouvelles, quand sur le fond du
drame banal se sont profilés une scène
plus particulièrement curieuse et des
héros plus particulièrement connus.

Libre et indulgent, voilà Paris.

Indulgent ? — Oui, dans cette capitale
qui a, au premier abord, l'air insensible
on sent, quand on a le temps d'appuyer
la main sur sa poitrine, les battement.
d'un grand cœur plein de bonté.

Les coupables eux-mêmes le savent.
Ils savent que les jurés qui siègent dans
la grande salle de la cour d'assises sont
rarement impitoyables, et que tel qui eût

été condamné sans excuses par un aréopage de province, aurait reçu à Paris l'aumône des circonstances atténuantes.

Oui, il eût été probablement ménagé par ce tribunal de douze hommes habitués aux dangers et aux orages que la violence de la vie crée pour tous ceux qui roulent dans un tourbillon de deux millions d'âmes! Puis, ils ont entendu depuis quatre-vingt-trois ans plus de coups de fusil qu'on n'en a tiré dans toutes les capitales du monde. Ils ont vu réussir tant de scélérats et mourir tant de justes! A leur tour, quand ils ont l'honneur d'être juges, ils tuent les traditions d'implacabilité sur lesquelles vit un tribunal, qui jusqu'ici vous demandait de jurer devant un Dieu président d'honneur! Ils protestent contre la cruauté de l'inspiration religieuse en excusant à moitié ou en niant en plein les crimes qui sont nés, aveugles et sourds, de l'amour ou de la misère.

Un beau jour, ils ont refusé le serment qu'on leur demandait. Ce sont des Parisiens qui ont les premiers demandé qu'on en appelât, non pas à leur foi, mais à leur honneur, quand ils auraient à jurer qu'ils prononcent un verdict dicté par leur conscience.

Libre? — Le *Pot-Bouille*, de Zola, a été tué par cette fiction d'une maison où tout le monde se connait.

A Paris, deux voisins d'étage ne savent pas comment l'un et l'autre s'appellent, ce qu'ils font, s'ils sont riches ou pauvres. Cela ne paraît être rien et cela est tout, non-seulement parce que c'est une joie de vivre indépendant dans un coin, mais parce qu'il y a là la preuve que Paris regarde haut et n'écoute que les grands bruits. Il ne cherche pas des poux sur la tête des faibles : il cherche des idées sous le crâne des forts.

Prenant la pensée qu'un événement ou un homme a plantée debout, il s'attache à elle comme à un arbre dont tout le monde doit aider les racines à vivre. Il y a toujours dans l'air un de ces arbres qui frémit ou qui saigne, plein de nids ou sabré d'entailles, quelquefois noir de coups de foudre !

C'est le drapeau sombre ou vert du moment, autour duquel Paris ému monte la garde et va même tourner avec la femme et les enfants, le dimanche, comme autour d'un grand mât où l'on n'attache que des fleurs dans les fêtes de paysans, mais d'où les gens de Paris font tomber comme des prunes les fruits mûrs de l'idée.

Libre? — Le bonheur veut que les forçats même du besoin le soient, grâce à l'immensité du bagne qui permet à ceux qui sont enchaînés tout le jour à la glèbe d'un patron ou aux pieds de table d'un ministère de savourer par l'éloignement l'indépendance de leur parole et de leur vie intime.

Hors de l'atelier, hors du bureau, l'ouvrier et l'employé sont libres. Ils dispa-

raissent dans le grand Tout et vont — chacun suivant sa fantaisie ou sa colère —
dans les cafés ou chez les mastroquets,
dans les cénacles, sinon dans les clubs,
prêcher, le rire aux lèvres ou l'éclair aux
yeux, pour le Saint qu'ils adorent, lequel
jette toujours à l'air, au nom de l'affran-
chissement nouveau ou des vieux droits
de l'homme, la béquille de Sixte-Quint.

Et voilà pourquoi on trouve le pavé de
Paris dur quand on y traîne pour la première fois ses souliers de province ; pourquoi, quand on le connaît, on l'aime jusqu'à préférer y vivre malheureux plutôt
que de retourner au pays, où l'on goû-
terait cependant sous le toît héréditaire
le repos et la paix et le vin de sa propre
vigne. On trouve plus de saveur au bleu
du « chand de vin » ou même à l'eau de la
Seine, parce que dans cette République
faite de pièces et de morceaux de la
France, on pratique pour de bon la devise collée sur les murs ! Il y a la liberté
des mœurs, la fraternité des idées, l'égalité du courage et du sacrifice.

Un soir, dans un hangar sombre, dix
mille hommes sont réunis, redingotes
et paletots, vestes et bourgerons. Un
homme paraît, dont la gloire et l'éloquence doivent illuminer cette obscurité,
et qui va recevoir en plein visage toute
la flamme d'enthousiasme qu'il fera
jaillir de ce brouet noir.

Mais la conscience de Paris est là,
sans nom et sans visage ; on ne voit pas
les masques ; on ne peut reconnaître si

les mains sont fines ou calleuses; on ne
sait d'où viennent les voix !

Quels sont ces juges ?

C'est le **provincial de jadis**, l'employé
qui, deux heures avant, devenait bossu
sur son pupitre, ou l'ouvrier dont la poitrine se cassait contre l'établi. C'est un
saute-ruisseau ou un maître-clerc, un
étudiant de vingt-deux ans ou un professeur de cinquante, un artiste ou un
forgeron; c'est tout le monde et ce n'est
personne, c'est Paris ! Paris, qui juché sur
le bout d'une poutre ou debout sur une
pile de bois, la tête sous la pluie et les
pieds dans la boue, ensevelit sous une
clameur, comme une poussée d'Océan, la
barque qui porte César et sa fortune.

JULES VALLÈS.

ÉGALITÉ

Le Code déclare que tous les Français sont égaux devant la loi. Ce code-là a été rédigé sous la dictée d'un despote. Bonaparte écrasa sous le talon de sa botte les protestations qui essayaient de lever la tête et les législateurs semèrent dans leurs articles l'obscurité et les pièges à loup d'une procédure qui ne sert qu'aux riches. Je ne crois pas qu'on ait jamais rédigé livre moins français, depuis que les hommes écrivent des livres sous le ciel de France !

La République a eu beau graver le mot Egalité dans sa devise, les hommes de travail, les manieurs d'outils, ceux qui cassent les os et tordent les muscles du sol pour les asservir aux besoins maigres des maigres, ou aux gros appétits des gras, les ouvriers, les porteurs de cottes ou de bourgerons ; ceux aussi qui, sous la redingote râpée des éduqués, n'ont pas percé et n'ont pas même trouvé à gagner leur pain comme les travailleurs manuels, les pauvres pour tout dire, savent bien que le code condamne à l'éternelle défaite, devant la justice, tous ceux qui n'ont pas ramassé un peu d'argent sur le chemin de la vie avant de monter l'escalier des hommes de loi affamés, à qui l'on va porter des *provisions !*

30 Juin 1882.

L'égalité devant la loi et dans les faits sociaux n'est qu'un mot. C'est bien là ce qui assombrit l'horizon ! Sous le fardeau de la misère et des convictions, il y a des innocents qui saignent, et dont aucun verdict ne lavera jamais les plaies : — il leur est défendu d'obtenir jamais ju tice, surtout si les coupables sont peu ou prou des rouages vivants de l'administration centralisatrice et autoritaire.

Mais le Paris, celui qui n'a ni tricorne de préfet, ni toque de juge, ni habit de ministre, ni culotte de général, le Paris de tout le monde et qui n'appartient à personne, ce Paris-là a décrété à sa façon l'égalisation des efforts, des plaisirs, des peines. Il n'y a pas de têtes qui dépassent pour les convaincus ou pour les loustics de cette population blagueuse et aguerrie. On calotte d'une farce ou d'une poussée les pavots trop hauts. Le peuple a ses Tarquins.

On salue le maire, le préfet, le président du tribunal dans les promenades de province, et quel honneur si le coup de chapeau est rendu ! A Paris, où la politesse est une fleur que tout le monde porte au bout des doigts ou entre les lèvres, on salue les gens parce qu'ils sont quelqu'un, et non parce qu'ils sont quelque chose. On sait bien que les gros bonnets couvrent souvent des têtes vides.

On n'a pas le respect des *personnages*, dans ce Paris, parce qu'on n'en a pas la peur. Ils peuvent, en effet, dans une petite ville, une commune, punir de façon

ou d'autre celui qui n'a pas eu l'air hum-
ble devant eux et se venger de qui a ri à
leur barbe un soir qu'on a pris le frais
tous ensemble, gens de marque ou gens
de rien. Mais entre la Bastille et la Madeleine, va-t-en voir s'ils viennent !

Le scepticisme, d'ailleurs, flotte partout
dans l'air — dans l'air pur comme dans
l'air chargé de miasmes. Il loge aux quartiers riches comme aux faubourgs malheureux, et les orgueilleux eux-mêmes de
la capitale n'ont pas ici le provincial
dédain des pauvres.

Ils en ont peut-être la haine, plus que
ne l'ont la noblesse expirante et la petite bourgeoisie enrichie, qui sont souvent sœurs de lait du peuple dans le fond
des campagnes ; mais, ils savent bien
quelle intelligence sourde il y a dans le
fond de la ville énorme et comment une
pensée trouve tout d'un coup des orateurs et des généraux. Ils savent encore
qu'il y a des blousiers qui ont le fil,
tout comme les jaboteurs du Palais, et
qu'ils ne seraient pas de force, eux les
réacs, en face d'un voyou s'il s'agissait
de s'entreprendre.

Aussi y a-t-il à peine un écart de bar-
reaux sur l'échelle où est juché Paris et
d'où il regarde le monde. Toutes les classes sont mêlées dans un même esprit d'indépendance et d'ironie. Toutes ont une
tradition semblable, et malgré le scan-
dale apparent des différences, une éducation commune !

Je parle de l'éducation vraie, de celle
qui fait des hommes et des artistes, et
non de celle qui fait des bacheliers, des

cuistres, des savants de serre chaude,
des bêtes à examen, des bœufs gras de
n'importe quel carnaval scientifique ou
littéraire.

Eh bien! cette éducation-là, tout Parisien la reçoit, sans magister et sans
férule! Si pané qu'il soit, elle lui entre
dans les oreilles et dans les yeux malgré
lui et alors qu'il s'en doute le moins —
à un moment où il croit ne faire que rigoler ou flâner.

C'est que la rue est fertile en spectacles; c'est que les étrangers de tout poil
et de toute couleur, noirs, jaunes, blancs
ou rouges, venant de Chine ou d'Océanie,
habillés de drap ou d'éponge, se disputent en plein boulevard avec des cochers
qui viennent de loin aussi, du pays des
bacheliers ratés, des prêtres défroqués,
des notaires en dèche.

Le gueux a les prunelles aussi larges
que le riche, le tympan aussi fin, le nez
aussi creux, et il n'a pas besoin d'avoir
fait ses classes pour regarder, écouter et
flairer l'humanité qui pose sans le vouloir devant lui.

S'il lui faut une clef pour ouvrir la
bosse des Polichinelles graves ou gais
qui roulent sur les trottoirs, il a sa clef
d'un sou, son petit journal, qui lui explique familièrement et au courant de
l'actualité ce qu'il doit savoir pour pouvoir tout comprendre, tout démonter,
tout apprendre et tout blaguer.

La circulation est, cent fois par an,
gênée par le passage de missionnaires

d'ambassadeurs, de princes, de rois ou d'aventuriers. C'est dans un fiacre ou une voiture de gala, l'histoire et la géographie empilées et ambulantes, un panorama qui se déroule éternellement et sur lequel est peinte, au fur et à mesure des événements, l'histoire toute fraîche du monde vivant.

D'un autre côté, Paris est étoilé de chefs-d'œuvre. Il est des devantures qui valent une garde-robe de reine.

Partout des gouttes de lumière, des éclats de millions, dont le plus pauvre a le grand reflet, non seulement dans la rétine, mais aussi dans la cervelle !

Il n'a qu'à rôder, sa journée finie, ou en allant reporter son ouvrage, devant les magasins où les plus célèbres sont représentés par leur signature dans le bronze, le marbre ou le bois, sur la toile ou sur le plâtre ; sculpteurs, peintres, orfèvres, ébénistes, artisans et artistes, voient se renouveler chaque semaine derrière les grands panneaux de glace la vie et le génie de leur corps de métier !

Et demain, l'*article de Paris* sortira des mains de l'ouvrier, ciselé et ouvragé, et marqué au coin de l'originalité, tout comme l'œuvre des illustres. Il y a des merveilles à 13 sous, poupées ou pantins, jouets ou bijoux, en bois blanc ou en cuivre, en jais ou en corail, des *riens* qui auraient fait rêver Benvenuto Cellini et qui inspirent quelquefois les grands médaillés du Salon. C'est un rendu pour un prêté, un échange, le ni-

..ut, l'egalité.

Les expositions sont là qui tiennent
le Parisien au courant de toutes les conquêtes de la science, de toutes les marches en avant de l'esprit humain, de
toutes les perfections de l'outil.

Il en voit plus et il en sait plus, et il
est appelé à en voir et en savoir toujours davantage que n'importe quel éru-
dit qui croupit au fond de sa faculté de
province, devant des collections d'empaillés, empaillé lui-même dans la rou-
ne de l'Université.

Un ouvrier à qui sa misère a permis
de suivre les *exhibitions* de chair, de
métal, de fleurs, de graines, et du reste,
où sont groupés les machines, les statues, les livres, les faunes et les flores,
cet ouvrier-là est capable de mettre *à
quia* bien des vieux agrégés de science
qui ont le ruban rouge à la boutonnière.

Le riche et le pauvre, le gradé de la
Sorbonne et l'échappé de l'école primaire
ne sont-ils pas voisins au concert
Pasdeloup, où, pour un franc, ils peuvent siffler ou acclamer Berlioz ou Wa-
gner?

Le théâtre ne rapproche-t-il pas chaque soir les classes, quoiqu'il y ait loin
des stalles aux bancs de la dernière galerie. Mais le paradis en blouse, qui
mange des pommes, fait acte d'aréopage
tout comme l'orchestre qui a le gardé-
nia piqué au revers de la queue de mo-
rue. La grande critique a pu porter une
pièce aux nues, le lendemain d'une pre-

mière. Si les Sarceys des petites places
la condamnent, elle est morte !

La vérité est qu'il n'y a pas de hiérar-
chie dans une usine d'idées et sur un
champ de bataille.

Sur ce champ de bataille-là, on a, aux
jours de combat et de douleur publique,
lutté, saigné, et jeûné ensemble. La guerre
et la défaite ont mêlé les courages et les
douleurs, et il est arrivé que pour défendre la patrie, les mains noires étaient les
plus habiles à raccommoder les fusils et
à pointer les pièces. Ceux qui avaient travaillé le fer dans la forge savaient, mieux
que les hommes aux mains blanches, en-
tretenir le feu de la fournaise sous le ciel
gelé.

Et voilà pourquoi, si l'Egalité arrive à
prendre sa place, étroite ou large, entre
sa sœur de gauche et sa sœur de droite
dans l'enseigne républicaine, c'est Paris
qui, avec les mœurs, aura tué la loi, qui
aura établi le niveau et forgé les balan-
ces.

Jules Vallès.

130

FRATERNITÉ

On peut s'étonner de voir ce mot de fraternité inscrit au fronton d'un tableau de Paris, quand c'est d'hier seulement qu'a été votée la démolition des ruines noircies des Tuileries !

Qui ose parler de fraternité sur cette terre classique des guerres civiles ?

Je ne veux pas toucher ici à des sujets tragiques. Je n'ai pas à remuer les cendres restées chaudes qui ont servi à sécher l'encre des sanglantes annales. Cette tâche est celle de l'historien, qui expliquera les sombres malentendus.

Mais à voir vivre Paris sous l'or de son soleil d'aujourd'hui; à le voir tel qu'il est, ce Paris, causeur, bûcheur, amoureux et rieur, qui dirait que ce soleil-là éclaira, il y a douze ans, des incendies qui le firent pâlir?

La rancune du danger subi, de la victoire achetée trop cher, ou de la défaite insultée et maudite, les souvenirs de bataille et de désolation, n'ont point laissé sur la face de la Cité des signes d'irrémédiable tristesse, et l'on ne devine pas les rêves de vengeance méchante et sourde sous son large front.

7 Juillet 1882

Il n'y a point trace de haine.

Il verse la colère des idées, qui se sont battues, mais cette colère-là est fille des hauts sentiments et mère des douloureuses conquêtes. Si elle mit aux prises dans des duels gigantesques des milliers d'hommes qui donnèrent leur sang comme de l'eau et se firent d'épouvantables blessures, c'est parce que les combattants ne savaient pas, ou que ceux qui les mènent n'ont pas voulu savoir ce qu'il y a d'humain au fond de ces opinions à mine sauvage et inhumaine.

Le jour où on le saura, et ce jour-là seulement, l'horreur qui plane au-dessus des tueries publiques pourra replier ses ailes de vautour et mourir, parce qu'elle ne trouvera plus la pâture que lui jetaient les préjugés féroces, lancés par la province arriérée contre la grande Cité.

Ce sont les institutions du passé, hurlant contre l'esprit moderne, qui arment parfois Paris contre Paris — Centralisation ! Autoritarisme ! On retrouve toujours le doigt de cette chiourme monarchique au fond de toutes les révolutions.

Mais si demain était mis en pièces le mécanisme centralisateur, s'il n'y avait plus l'apoplexie administrative, Paris n'aurait plus le coup de sang des insurrections !

Car il n'est pas dans sa nature de vouloir le ciel plein de fumée, lui qui aime les horizons bleus, ni d'entendre le cri des agonies, lui qui adore la chanson vive et le rire éclatant.

Ah ! je voudrais que devant cet Hôtel-de-Ville qui va être inauguré le 13 juillet, je voudrais que tous les gens de cœur se fissent le mutuel serment de défendre Paris contre le passé, sans distinction de nuance ou de drapeau, et jurassent de n'écouter, aux heures de grosses décisions à prendre, toute politique mise au rancart, que la voix de ce Paris-là, tel qu'il est, avec ses vices et ses vertus, son esprit et son cœur, ses gaietés et son enthousiasme.

A l'impartial arbitrage, on reconnaîtrait que c'est parce qu'il est bon et brave, et assoiffé de justice, et ivre de logique, qu'il a bu quelquefois son petit bleu pimenté avec la poudre d'une cartouche.

Fraternité ne doit pas signifier résignation ou sensiblerie, — résignation chrétienne ou sensiblerie jacobine.

Fraternité pour les Parisiens veut dire camaraderie ! Oui, nous sommes tous camarades, même après avoir été ennemis. En dehors des forteresses où l'Etat économique cantonne malgré eux les hommes victimes de leur misère, de leur ignorance ou de leur origine, Paris n'a qu'une âme, où poussent en beau terroir gaulois la fleur de l'ironie et le grain de l'idée !

On est camarade partout, dans le journal ou la crêmerie, au café ou au club, au faubourg où au boulevard.

L'imprimeur en bourgeron bleu, le

compositeur en blouse grise, sont les familiers du journaliste célèbre et causent avec lui sur le pied d'égalité devant l'article à mettre en page.

Dans la crêmerie aux bols ébréchés, on est camarade aussi; les ignorants et les éduqués, les maçons et les poètes, la fleuriste et l'institutrice, le déclassé de l'Université ou le régulier du labeur pénible, parce qu'on trouve là pour *quatre de riz* ou *trois de noir*, de quoi tenir un moment contre la famine ou la fatigue, et qu'on se sent les coudes, justement parce que la redingote du bachelier est blanchie par le plâtre des blouses !

— Après vous, le journal !

— Prenez, *l'ami !* dit le liseur, un beau matin.

Et voilà que devant un gloria on s'est reconnu de la même famille.

Quand ce n'est pas dans la crêmerie triste, c'est dans le café étincelant de gaz et de dorures qu'on aiguisera ensemble une langue propre à Paris, dont tous les pouvoirs ont peur, et qui fait bondir dans leurs fauteuils les patriarches des académies.

Tous s'y mettront ! Le prolétaire endimanché qui est venu voir un compatriote ou un compagnon d'idées, connu dans quelque bataille électorale, dira son mot comme les autres, et c'est peut-être à lui qu'on devra un néologisme blagueur ou éloquent.

C'est cette vie extérieure et toute au dehors qui crée ce compagnonnage.

La rue, qui ne paraît en feu qu'aux jours noirs des révoltes, est toujours en fièvre, par les soirs de neige ou par les soirs d'été, quand il semble qu'il n'y ait dans l'air que de la paresse ou de l'amour ! Et toutes les classes sont mêlées dans le fécond tohu-bohu.

L'étranger même, qui n'est venu qu'en curieux, et qui flâne en touriste, a la tête grisée par ces odeurs, l'oreille envahie par la parole ardente de Paris, et il roule dans le tourbillon.

Ce boulevard, qui pour ceux qui ne font que passer ou ne regardent pas d'assez près n'est qu'une voie de plaisir ou un rendez-vous de viveurs, ce boulevard-là, c'est l'*Agora* de notre Athènes. Mais sur l'Agora grec, il ne venait que les privilégiés pour causer de la République devant l'état-major en marbre des statues. Ici, devant les tables de zinc et sur des tabourets de paille, les Parisiens dressent la mercuriale des idées qui ont cours sur les marchés des capitales.

Artisans, bourgeois, irréguliers, réguliers, riches et pauvres viennent chaque matin demander secours, secours d'idées ou secours de courage, à cette grande fraternité parisienne qui sacrifiera son nom trop chrétien, étendra ses bras, haussera son drapeau, et s'appellera demain la grande solidarité sociale.

JULES VALLÈS.

(Le Quatorze Juillet.)

LA FÊTE

Faut-il, avec les puritains, en vouloir au peuple de ce qu'il prépare des feux d'artifice et met des mèches aux lampions quand, par-delà les mers, on vient de tirer le canon, et que le contrecoup du bombardement peut secouer, comme une coquille de noix, sur le dos de la Seine le vaisseau de la ville de Paris, tout pavoisé aujourd'hui de drapeaux frais, éclairé de lanternes comme une gondole de Venise, et gai comme une frégate, le jour du baptême de l'Equateur, quand on va passer les tropiques?

Non! Il faut tenir compte du caractère de la race qui a Rabelais et Camille Desmoulins parmi ses grands hommes, tout aussi bien que Jean-Jacques le triste et Marat le soupçonnier.

Le peuple de Paris a besoin de rire et de sauter, à l'anniversaire du jour où l'on prit la Bastille, si sombre que puisse paraître l'avenir.

On dansa bien sur l'emplacement de la forteresse démolie, alors qu'apparaissait à l'horizon le fantôme en bonnet rouge de la Révolution!

14 Juillet 1882.

Il est ainsi fait, ce peuple-là ! Ne lui reprochez pas cette gaieté.

Elle indique qu'il n'a pas le cœur cruel, et que ce n'est pas sur un fond de haine que repose son amour des batailles. Paris se promène à travers les fêtes et les révoltes comme dans un jardin pour ramasser des bouquets, comme dans un verger pour abattre des fruits : tant pis si la gaule tue des hommes qui défendent qu'on touche à l'arbre !

La foule, d'ailleurs, a une autre âme que l'individu, et quand, dans le torrent de ses sensations, l'idée paraît se noyer, il arrive au contraire qu'elle se rafraîchit et se retrempe en ce moutonnement de flots humains. Le mal de misère serait trop lourd et affolerait trop les hommes, si, de temps en temps, les pauvres n'avaient pas l'insouciance du lendemain, qui est aussi, chez les malheureux, le pardon de la veille.

Ne vous fâchez pas, quand il passe de ces grandes lueurs d'oubli même dans les ruelles des sacrifiés et dans les rues des faubourgs noirs. Si l'on était implacablement logique, jamais on n'aurait une heure de sérénité sous ce ciel chrétien qui écrase un monstre si mal bâti !

Que Paris, le Paris malheureux comme l'autre, ait pour un jour ses cordons de lumière comme des rivières de diamants au cou de ses obscurs taudis. Il donne ce soir son bal, le Populo !

Le philosophe de Couture n'a pas à se voiler la face. On n'est pas devant une orgie de débauchés, mais devant une noce, où chacun retrouve les siens, lutine sa voisine, et surtout *dit la sienne !*

C'est l'occasion de revoir ceux qui sont loin.

Ils ont tiré le bas aux économies de sa cachette et la toilette des grands jours du fond de la vieille armoire. Dans le plus petit trou de village, dans le coin des villes où l'herbe pousse entre les pierres, comme dans celles qui ont une vie à elles, on s'est senti des fourmis aux jambes et une envie de partir, non pas seulement pour voir la fête, mais pour retrouver le vieux ou le jeune de la famille qu'on n'a pas depuis longtemps embrassé, la fille qui a dû suivre son mari, le fils qui, ayant usé ses souliers sur le pavé entre Montrouge et Montmartre, a perdu l'envie de retourner à la ferme et même de s'installer, fût-ce avec les chances d'être riche, dans une ville de dix mille âmes.

C'est bon pour les braves gens, ces retrouvailles !

C'est bon aussi pour l'idée que Paris porte dans sa giberne, l'idée de liberté. A peine la mère reconnaît son gars, tant il a bruni ou blanchi, tant il a maintenant l'œil clair ou la langue bien pendue! On lui avait dit, pourtant, à la bonne femme, que son enfant avait mal tourné, qu'il allait avec les *politiques* et votait pour la canaille. Cela ne lui a pas ôté sa gaieté, son air honnête, à ce grand garçon.

qui a eu une petite larme, comme un enfant, quand il a serré dans ses bras la vieille paysanne à petit serre-tête plaqué sur son front de bête à travail!

Et l'on a causé de ces *politiques*, et des républicains, et la pauvre campagnarde est tout ahurie de voir que son fieu et les amis de son fieu, des *avancés* aussi, sont des gens comme tout le monde, et plus polis que bien des messieurs de chez elle et si *farces!* « Votre bras, la mère! Oh! je vous retiens pour la gavotte... Nous allons pincer ensemble un rigodon... Le curé l'a défendu?... Zut! pour le curé! »

Le bon Dieu, le gouvernement, le préfet, Monseigneur, il se moque de tout cela, le Parisien!

On le mettrait en prison, celui qui parlerait comme ça au pays. Elle le croit, du moins. Ici l'on rit.

Et les autorités, le ciel, le diable et son train, tout cela est égratigné pour de bon dans la cervelle de ces simples, qui, à écouter ces Parisiens, ont éprouvé l'impression qu'on ressentit un soir à la veillée, quand un bouvier déterminé marcha, un fléan en l'air, contre un revenant qui depuis un an faisait peur au village, et qui cria grâce au premier coup. C'était le frère du sacristain, que le curé payait poar implorer des messes au nom des âmes du Purgatoire!

Les oncles à héritage de champs ou de maisons, paysan ou petit boutiquier, qui avaient juré de ne rien laisser à leur coquin de neveu républicain. se grat-

tent l'oreille et sont capables, au retour, d'aller refaire leur testament chez
le notaire.

De son côté, le Parisien gagne bien
quelque chose aussi à ces accolades données à la famille et du passé.

Il est sain de respirer, dans l'haleine
de ceux qu'on aime, l'air du pays natal.
Cela empêche aussi d'oublier que chaque coin de la France a sa langue, ses
mœurs et ses vertus, et qu'il faut vouloir
pour tout morceau de la patrie son droit
de vivre libre, — si bien que chaque faisceau de mœurs, chaque région de richesse ou de pauvreté aura son Paris,
commune, canton ou chef-lieu !

Echange d'idées et de sensations,
grande foire aux idées, toute fête qui
fait refluer le sang de la nation au
cœur !

On sera vraiment pour un jour en République dans la ville livrée aux habitants, au milieu des rues dont la vie familière et libre fera échec à la vie officielle toujours solennelle et déclama-
toire.

Il pouvait en être autrement.

Il pouvait se faire qu'au lieu de laisser
les quartiers maîtres de leurs maisons et
de leur chaussée, maîtres aussi de fédé-
rer, le soir, aux lampions, leur enthousiasme à leur gaieté, le gouvernement
voulût faire passer à travers Paris un
cortège qui serait parti de la Bastille, du
Parlement ou du Panthéon, pour aller, à
travers la foule, jusqu'au Champ de Mars

abandonné, et revenir à l'Hôtel de Ville
ressuscité ! Ah ! comme cette procession
n'aurait pas valu le brouhaha de la rue,
les cris d'instinct, l'explosion commu-
nale du sentiment public !

La première République ne put échapper à la tradition qui pesait sur l'humanité ; et, tout en brisant les autels, et
en poursuivant les prêtres réfractaires,
c'est un autel que l'on dressait à la patrie, un autel sur lequel on jurait comme devant le tabernacle chrétien.
Des femmes en tunique blanche, des
bœufs aux cornes dorées, marchaient
dans la cérémonie à côté de ceux qui de-
vaient être les volontaires des bataillons
en sabots !

Sans le vouloir ou le savoir, la Révolution mettait son orgueil et trouvait
son triomphe à s'accrocher sur les épaules le manteau des religions profanes ou
sacrées, doublé de rouge. Elle retour-
nait au peplum comme Robespierre à
l'Être Suprême ; ayant à toute force besoin d'un livre sacré, elle faisait porter comme tel l'œuvre de Jean-Jacques
sur un coussin de velours. C'était une
Bible pour une autre.

Cette Bible-là, elle reparaissait en
1848, à la grande fête du Champ de
Mars !

Insurrections politiques et révoltes sociales avaient fait trembler le sol et le
ciel, pour qu'on revît, le lendemain de
février, des bœufs, des tuniques blanches, et le Contrat social porté — deri-

nez par qui ? — par un élève de Normale, — ce séminaire de l'Université !

Nous n'en sommes plus là. Dieux de bois et déesses de plâtre dorment, le nez cassé, dans le magasin aux accessoires de la vieille comédie politique.

Signe des temps, qu'il faut saluer casquette en l'air et chapeau bas !

Dans ce tourbillon de drapeaux, cet aveuglement de lumières, cette cacophonie de cent orchestres qui vont mugir ensemble, le bon sens de la race gauloise perce comme un épi au milieu des coquelicots et des bluets qui semblent vouloir aujourd'hui étouffer le blé.

Paris n'a pas mis un siècle à se débarrasser du romantisme révolutionnaire — pour devenir *pratique*, avec ses airs d'insoumis, et même aux jours de gala, autant que l'Anglais muet et morne, qui n'ouvre pas la bouche mais fait à un moment aboyer les canons contre la paix du monde.

Laissons lui faire son cavalier seul.

— Un vis-à-vis ?

Ah, mais non, le *Goddam*, tu t'en ferais mourir !

Mais si l'on serre de trop près la Marianne, alors, les camarades, retroussez les manches, et mince de chahut !

En attendant, balancez vos dames !

Jules Vallès.

144

LES BASTILLES. — MAZAS

I

Toutes les dalles des cachots de la Bastille n'ont pas été achetées par des patriotes ou des collectionneurs. Elles ont été ramassées par les héritiers de la tradition napoléonienne, et même par les philanthropes républicains, pour être grattées, reblanchies, et servir à reconstruire des prisons moins horribles d'aspect, mais aussi méchantes et meurtrières, avec leur mine bourgeoise et leur air d'honnêtes personnes, que la vieille et sombre forteresse.

Au lendemain du jour où l'on a illuminé, d'enthousiasme, la place où était l'énorme vide-poche en pierre des rancunes des favorites et des courtisans, il est intéressant d'aller du côté des Bastilles nouvelles, pour voir ce qu'elles contiennent de supplice, tout en paraissant ouvertes largement à l'air et au soleil.

Mazas !

L'enseigne : « Maison d'arrêt cellulaire », — la devise : «Liberté, Egalité, Fraternité ».

Liberté est le premier mot écrit sur cette porte de prison, — Fraternité, à la queue! Ah! cela blesse les yeux et blesse le cœur...

21 Juillet 1882

L'Egalité? Oui ! — C'est le tronc vivant aux attaches duquel pendent les deux autres termes, comme des bras morts, — l'égalité de la discipline de fer, de la douleur morne, tournant comme une meule dans l'immense silence !

On nous a fait un monstre de la citadelle où pourrissaient ceux que la lettre de cachet avait été rejoindre dans le fond d'une alcôve ou dans le plein de la popularité. Terrible, en effet, cet enterrement des vivants, si l'on en croit la légende, quoique tous ne fussent pas enchaînés dans des culs de basses-fosses et n'eussent pas la figure grignotée par les rats.

Mais cette nuit éternelle défendait au moins le captif contre l'œil du geôlier ; elle lui permettait aussi de gratter les murs de son cachot avec ses ongles ou un morceau de fer conquis on ne sait comment. Dans l'ombre épaisse où tâtonnait sa vie, brillait, plus doré qu'une flèche du soleil, l'espoir de frayer, à travers ces ténèbres et sous leur manteau, le chemin de l'évasion. Il était chez lui, son maître, libre, quand le geôlier avait glissé la cruche et le pain du jour. On ne le voyait pas travailler à s'enfuir. On ne voyait pas non plus s'il était lâche et s'il pleurait.

Le système nouveau met l'homme et son âme à nu. La clarté que lui ont envoyée, par les lucarnes, les humanitaires, devient l'ennemie de sa dignité et la complice des mouchards.

Ces philanthropes croient avoir fait merveille et se figurent qu'ils ont bien mérité de l'humanité, parce que, à Mazas, les murs sont blancs, parce que les parquets des galeries reluisent comme des parquets de musée, et que le vieux fantôme du supplice est passé à la cire et à la brosse. Bien des captifs, pourtant, auraient préféré le cachot de Latude, à la Bastille...

L'homme qui entre là n'a point l'émotion qui est dans le vers du Dante : il ne laisse pas toute espérance au seuil qu'il vient de franchir.

On se croirait dans un hôpital, et cela n'a point l'air aussi lugubre qu'un collège. Les gardiens n'ont pas des mines d'estafiers de la Tour de Nesle, et le greffier qui interroge est froid et poli comme un employé de ministère, — plus poli peut-être. Il inscrit les réponses sans s'en étonner ou s'en indigner.

Après avoir demandé le nom, l'âge :

— Votre religion ?

— Rien.

Il inscrit en marge : « Sans religion », et l'on n'instruit pas une action en sacrilège, on ne prépare pas la torture.

Elle va commencer pourtant.

Encore quelques questions : « Avez-vous sur le corps des signes ou des cicatrices. »

Et l'on examine les fils blancs des blessures recousues, et l'on colle sur le papier gris des registres, comme un décalque de carte, la peau du détenu.

Le voici écroué, vissé.

Il n'a plus qu'à glisser dans la rainure du régime, jusqu'au jour où il sera rendu à la liberté ou livré à la justice.

Reconnu innocent, il n'en emportera pas moins, de son séjour dans ce Mazas, des souvenirs qui lui laisseront au cœur une ineffaçable mélancolie, surtout s'il n'est qu'un honnête homme victime d'une erreur, laquelle malheureusement fait tache quand même surson nom; s'il n'est pas un combattant politique qui peuple sa cellule des espoirs de tout un parti, et, dans le coin de ciel que laisse voir son vasistas, étend toute la largeur d'un drapeau.

Déjà, comme *politique*, il a été traité autrement que les autres: celui-là, il a eu les vivres meilleurs, sa chopine de vin et du pain blanc! En cela, l'égalité est égratignée, mais les prisonniers politiques ont toujours été rares, et le moment est venu, peut-être bien, où l'on ne mettra plus des hommes sous les verroux parce qu'ils ont défendu une idée qui a le droit à la vie des plantes qui sont arrivées à crever le sol.

Quelques bruits de clefs, la vue d'un galon plus gros et d'une étoile plus large sur l'uniforme, celui du gardien-chef: un registre feuilleté, un numéro choisi, l'entrée dans une des galeries, et ce sera pour le prévenu la fin des conversations vivantes, l'abandon de l'espace. La terre va tenir pour lui dans un rayon de rue!

ques mètres, et il appartient, si fort qu'il soit des épaules ou de la cervelle, au gardien qui est chargé de tenir sous séquestre toutes ces volontés devenus impuissantes, de surveiller tous ces ressorts arrachés à la grande mécanique humaine, et qui vont se rouiller là comme des miettes de fer.

La cellule est plus large, plus fraîche et plus claire souvent que n'était le logis de l'arrêté, et l'impression première n'est point trop douloureuse; la porte ne grince pas en tournant sur ses gonds comme celle de la Bastille.

Il a une sonnette, il peut appeler : un escabeau devant une table attachée au mur : il lui est permis de s'accouder, lire et écrire. Dans un coin, sur une planche, un hamac dans lequel le matelas est roulé; sur une autre planche, la couverture et les draps. La femme et les enfants, au dehors, ne sont peut-être pas si bien couchés...

Aussi n'y a-t-il, pour commencer, que le chagrin de se sentir éloigné des siens, la peur de l'existence salie, la perspective de la condamnation !

Mais, peu à peu, l'effroi du silence vous prend, et il n'est pas jusqu'à la blancheur implacable du mur qui ne donne l'idée d'une affiche que l'on voudrait à toute force voir remplie ou remplir. Or, l'on n'a pas le droit d'y toucher du bout de son ongle ou de son crayon.

Les heures tombent, les semaines se

suivent ; alors l'isolement fait sa besogne de bourreau.

Pendant un temps, la pensée trouve un aliment dans le passé, et, sur la page aveuglante et immaculée de la muraille, les souvenirs rôdent comme des mouches. Mais on use le souvenir comme le reste, et alors l'imagination ne trouve plus rien à mordre. Ou bien, elle s'acharne trop sur la vie de jadis, et il y a péril pour le cerveau.

Voilà qu'un vilain matin, on a épuisé cette source de consolation, et qu'on est devant ce qu'on a de vie morale, comme devant un trou creux, d'où l'on n'arrachera rien et où l'on n'a rien à jeter !

Le penseur même y perd sa peine et son outil.

Il y a bien la table et l'escabeau, le loisir d'écrire comme on ne l'eut jamais. N'est-ce pas le moment de se recueillir et de vivre face à face avec l'idée maîtresse du métier qu'on exerce ou du but qu'on poursuit ?

Mais la pensée a horreur du vide. Les Torricellis qui ont été en prison peuvent le dire. Jamais il ne s'est échappé d'une cellule une œuvre féconde. La vie n'y entre pas, la vie n'en sortira pas. On subit la nécessité de l'échange dans le monde des idées comme dans le monde des faits. Les mystiques même comme Michelet ont besoin d'aller au Champ-de-Mars pour en sentir l'humus, et sabler de sa poussière lesfeuillets de l'histoire.

Aussi notre promenade à travers les prisons nous condui-t-elle à la condamnation sans appel du régime terrible qu'on appelle le système cellulaire, et au renversement de ces Bastilles dont Mazas est le type muet et morne.

JULES VALLÈS.

152

Les Bastilles

II

MAZAS

II

Du fond de ces solitudes de Mazas, à la fois étroites comme un tombeau et vastes comme le désert, l'innocence de cent désespérés crie, depuis trente ans, contre l'Inquisition nouvelle — sans qu'on entende les cris. La douleur se casse les ailes contre les murs, et les nécessités journalières de la politique absorbant les polémistes tout entiers, la cause des emmurés demeure éternellement dans l'abandon.

Il faut que ceux qui ont vu, de près, ces souffrances et en ont eu leur part ramassent la question délaissée.

En pleine guerre civile, aux jours tragiques de 1871, alors que, de tous côtés, menaçait la trahison, des membres de l'assemblée révolutionnaire, désignée sous le nom de « Commune de Paris » se levèrent, pour déclarer que, quel que fût le péril, ils ne voulaient pas que ceux-là mêmes qu'on avait arrêtés comme suspects fussent soumis au régime infâme du secret, et, malgré le besoin d'union qu'on avait devant la défaite et la mort, on batailla là-dessus. Et le vote écorcha ceux qui étaient d'avis que l'on fît subir à l'ennemi la torture qu'on avait soi-même endurée, sous le code draconien de l'Empire.

28 Juillet 1882.

Dans ces moments terribles, la justice pouvait cependant se voiler comme le soleil aveuglé de sang. Les exceptions cruelles ont leur excuse dans le fracas de la tempête, mais la ficelle de la routine n'est jamais hachée, même par un tranchant des sabres, et continue à étrangler les prisonniers sous les voûtes de la prison modèle, après comme avant les révolutions : le sceptre des geôles et le trousseau de clefs de fer ne tombent pas des mains des gardiens. Ils se transmettent de génération en génération, sans interrègne, les consignes qui permettent de saigner à blanc, de guillotiner à sec, les malheureux qui ont une fois pris le chemin des divisions de Mazas.

La chiourme n'a pas à y apporter de cruauté. Elle n'a qu'à faire observer le règlement. Pourtant, l'homme est à sa merci, et, s'il se trouvait des scélérats parmi les gardiens, ils pourraient ajouter le supplice vif au supplice morne, la cruauté active à la torture mécanique, cracher au visage d'un prisonnier, puis lui casser les côtes à coups de clef, et dire qu'ils ont été attaqués par lui et qu'ils n'ont fait que se défendre. Où trouver la preuve du mensonge ?

Ces cas ne se présentent pas, je le veux bien ; mais combien de fois, s'il n'y a pas violence, y a-t-il humiliation et brutalité !

Un condamné politique avait pour voi-

ain de cellule un pauvre homme, accusé
d'un crime de droit commun, que le gardien de la division se faisait un jeu
d'effrayer et de menacer du bagne—«pour
de rire»,— ainsi que le contait le farceur
lui-même. Un matin, le pauvre diable, à
bout de courage et à bout de frissons, se
pendit pour de bon....

A côté de ces assassinats involontaires,
combien est facile, dans ces cages muet-
tes que fouille seul, par un trou large
comme une prunelle, l'œil des surveil-
lants, l'assassinat au nom de la raison
d'État?

Dans la vie en commun, les prisonniers et tout le personnel savent si un
prévenu a l'énergie ou l'envie de se tuer
On sait aussi pourquoi il a été pris et
incarcéré. Il a pu indiquer les causes ca-
chées, raconter les circonstances bizarres de son arrestation. Si, un matin, on
vient dire qu'on a trouvé son cadavre
au bout d'une corde, il peut y avoir enquête, d'après les rumeurs sourdes qui
courront le long du préau.

Ne vous souvient-il donc pas que, sous
l'Empire, le suicide de certain prévenu,
enfermé à Mazas, — un ancien commissaire, je crois — souleva de terribles
soupçons dans l'opinion publique, qui,
malheureusement, était prisonnière des
prétoriens et condamnée presque au
même silence que les encagés de Mazas,
tant la presse était bâillonnée, la police triomphante et la preuve difficile,
avec le système cellulaire?

De la lumière ! non pas seulement celle qui vient du ciel par les vasistas, mais celle qui sort du choc des hommes, comme l'étincelle du caillou ! Point le mystère douloureux de la cellule, où le soleil joue autour du front du prisonnier, mais où l'ombre s'épaissit sur sa cervelle, — et sur celle des juges souvent !

Si imparfait que ce juge puisse être, — avec tant de privilèges qui lui permettent de ne l'être point, — il ne pourra lire clair au fond des âmes des prisonniers, quand elles auront mariné des semaines dans le chaudron hermétiquement fermé de Mazas.

L'homme innocent aura perdu la liberté de son accent, l'éloquence qu'avaient sa voix franche, et son œil clair, il aura le regard égaré ou fuyant, la mine cruelle peut-être, s'étant indigné qu'on l'ensevelît ainsi au lieu de le mettre en face des gens ou des faits. Il aura l'air vil ou irrité, paraîtra un cynique ou un lâche tout comme un loup pris au piége, et qui n'a pu s'échapper, quoique s'étant scié la patte avec ses crocs.

Le physionomiste le plus fort y perdra son latin. C'est comme si on voulait juger de la santé d'un homme quand on vient de le tirer de la rivière, et qu'il vomit l'eau et vide ses poumons !

Si encore l'instruction n'était pas secrète ! Mais la justice et le châtiment se donnent la main et s'embrassent, au bout des prisons, et s'unissent pour intimider et écraser l'accusé !

Il en est qui ont plié sous le regard sévère du juge, comme le pauvre pendu plia sous la blague du geôlier, et qui se sont même déclarés coupables, dans des moments d'ahurissement ou de terreur, alors qu'ils étaient innocents.

L'optique est fausse quand on a fait tomber entre l'accusé et la société le rideau de l'isolement!

Ce système, terrible pour l'innocent, est à peine utile contre le coupable.

Celui-là a pris ses précautions avant ou après le délit ou le crime.

Il peut, malgré tout, laisser passer, à travers les mailles du règlement, des renseignements qui vont rejoindre les complices. Sur les murs mêmes du promenoir, qui ne sont pas immaculés comme ceux de la cellule, l'affilié d'une bande n'a qu'à graver ses mots d'ordre avec l'arête d'une pierre ou le bout rond d'un eustache. J'ai vu ces murs-là couverts d'inscriptions qui semblaient comiques, mais avaient, je l'ai appris depuis, un sens grave dans la franc-maçonnerie des scélérats.

Il n'y a que honte pour l'humanité, péril pour la justice, traquenard pour la vérité, dans ce système de secret! On demande de divers côtés, sans nuance d'opinion, que le juge travaille au grand jour. Il faut aussi qu'on voie, un matin, une tribune des prisonniers plantée dans un coin du Forum.

Le fondateur de ce journal aurait dressé cette tribune-là, s'il vivait encore, lui qui allait jusqu'à battre en brèche le droit de punir.

En tous cas, nous devons tuer le droit de « faire souffrir », prôné par les prêtres.

Oui, que les républicains qui défendent ce système barbare y réfléchissent à deux fois, avant de lui continuer leur protection ! Cette torture des âmes est bel et bien la sœur aveugle de la torture catholique.

Le conseil municipal de Paris doit souffleter cette Bastille d'un vœu de démolition !

Ou alors, que les impitoyables, pour être logiques, fassent comme les Anglais, qu'ils mettent un masque sur la face des prisonniers, un masque noir, et qu'ils les plantent sur le *thread mill*, pour faire aller un moulin qui leur moud les jambes, voilà tout, et tourne à vide dans l'espace !

Non ? — Eh bien, alors, ouvrez les cellules, abattez les murs des promenoirs et que votre prison, avec son silence et ses *in pace*, ne soit plus une succursale de l'enfer chrétien !

Jules Vallès.

Les Bastilles

III

LES LYCÉES

C'est rester dans le rayon des bastilles, dans le cercle des prisons, que pénétrer dans un lycée.

C'est être aussi l'interprète fidèle des tendances du siècle, que prédire, avant sa fin, la mort du système barbare demeuré en vigueur entre les murs de ces maisons où la jeunesse étouffe. On peut ajouter, même, que l'éducation qu'on reçoit là-dedans est déjà jugée, condamnée, et prête à recevoir le coup de grâce, ainsi que le fusillé dont le sergent abrège l'agonie en lui logeant une balle dans l'oreille, à bout portant.

Quand le corset de l'autoritarisme craque de tous côtés, il ne serait pas naturel que ses lacets de fer continuent d'écraser la poitrine de ceux qui grandissent, et dont les pères ont sué sang et eau pour faire passer de la liberté, comme un courant de fraîcheur et une ondée de soleil, à travers les institutions obscures et cruelles, dans lesquelles le despote avait emmuré sa génération !

L'Université est fille de Napoléon, le lycée est le frère cadet de la caserne, soldatisé d'aspect et de régime, pour préparer à l'obéissance passive et plier au joug les futurs soldats.

4 Août 1882.

Le ministre aurait pu s'appeler Général de l'instruction publique et porter l'uniforme, si cela n'avait pas risqué de blesser les tranche - montagnes et les tueurs de métier, qui voulaient pour eux-seuls les panaches et les dorures, les hauts chapeaux et les longs sabres. Mais on le baptisa le « Grand maître ». C'était indiquer à toute la gent professante ou écolière qu'elle devait se regarder comme tenue en laisse et domestiquée, — réserve de vieux moniteurs ou d'enfants de troupe, à qui l'on faisait marmotter du latin, pour passer le temps, en attendant que la levée régulière ou la réquisition forcée les arrachât à leurs pupitres et le jetât dans les régiments, où ils entraient tout de go — une, deux, — le petit doigt sur la couture du pantalon, l'œil à quinze pas...

Ils avaient déjà porté, en havre-sac de campagne, leur giberne à livres, et c'est au son du tambour qu'ils s'étaient couchés et réveillés, dans la vie de collège, comme dans celle du bivouac.

On n'en est plus là, depuis Sedan, au moins, et, pourtant, la jeunesse française est, en cet an de République 1882, traitée de la même façon que l'était la chair pétrie pour le canon par la main des cuistres, — lieutenants à mine de prêtre et en jupe de femme, du César en redingote grise.

Il y a trois quarts de siècle — et sous quels orages ! — que la tradition d'emprisonnement et de torture qui avait pour épine dorsale l'épée de Napoléon, se tient debout, comme si l'épée vibrait encore dans le corps meurtri de la patrie.

L'Internat a survécu à toutes les bêtises, à toutes les cruautés qui sont tombées en route, depuis que la liberté marche en tête du grand bataillon des idées.

Les enfants restent les ôtages des prêtres ou des soldats, dans les couloirs de ces petites Roquettes, où ils sont détenus tout aussi bien que s'ils avaient été enfermés sur la plainte des parents, à qui le Code, ce nid à scélératesses, donne ce droit terrible, ou sur un jugement des magistrats qui les aurait trouvés criminels !

Le malheur est, qu'enlevés tout jeunes à la vie en plein air et en pleine famille, ils prennent le pli de la maison, tout comme des apprentis de séminaire prennent le goût et le masque de l'hypocrisie. Le lycéen n'est pas gangrené ainsi, lui, Dieu merci ! il ne sort pas du collège avec le regard louche, des habitudes d'espion, et cette morale de jésuite qu salit le cœur. Mais il emporte, de son séminaire laïque, de son couvent militaire, un esprit de discipliné et de disciplineur, qui en fera un régulier de l'armée officielle, un impitoyable de l'autorité quand même. Ayant été mené à la baguette, il trouvera légitime, à son tour, d'empoigner le bâton des anciens pour courber là-dessous le dos des jeunes !

Le lycéen suivant la formule sera pion dès vingt ans, et le restera partout, toujours, dans les bureaux ou les Académies, devant les mêmes ou devant les foules, devant la science en travail, devant la littérature en éveil, devant tous les mouvements des libertaires, — ces cancres de la vie publique, qui, au lieu de faire le *devoir* indiqué, d'ânonner la leçon à réciter par cœur, gravent avec n'importe quoi, sur le bois d'un banc de classe ou la brique d'un mur, un mot nouveau, gai ou profond, ainsi que jadis ils taillaient des farces au canif sur le nombril des pupitres!

Voilà bien pourquoi certains prisonniers déclarent quelquefois qu'on exagère la tristesse de leur sort, et qu'ils ne souffrent pas autant que quelques rabâcheurs rancuniers le disent.

Heureusement pour le débat, — malheureusement pour les victimes, — il y a des souvenirs qui ont griffé la légende, des mélancolies qui ont jeté leur brouillard sur l'horizon où passaient, souriantes et fraîches, telles que des allégories aux ailes d'or, les années de collège!

Parmi les influents de la bande centralisatrice et dirigeante, qui veulent les armées permanentes et leur cortège de dangers, parmi ceux-là mêmes, il s'en est rencontré qui ont montré le poing au lycée où les Laramées de chambrée les martyrisèrent, et où les cachots sont plus méchants que les cellules du Dépôt ou de Mazas.

La campagne est commencée—jusqu'au palais Mazarin qui a donné!

M. Ducamp, qui demanda le bagne pour les fédérés, a réclamé l'abolition de la torture pour les écoliers ; il s'est insurgé au nom de l'enfance, comme d'autres s'insurgent au nom de la République.

La question s'est posée et élargie.

Chaque fois que l'occasion s'offre, il faut donner un coup de scie dans cette queuede l'impérialisme, enroulée encore autour de l'Université.

C'était hier la distribution des prix du grand Concours.

On a pu voir où en était l'ancien prestige de cette solennité, en comptant les vides de l'estrade, et en lisant l'ennui et l'irrespect sur les physionomies ! Jadis, la cérémonie valait l'ascension au Capitole !

Maintenant, le public bâille, les autorités bâclent cela, en desservants qui escamotent une messe basse, et les lauréats ne traitent plus leurs bouquins de prix en livres sacrés !

On a fait des concessions à l'esprit moderne, on a remplacé le discours latin par un discours français, et l'orateur d'hier a même, dans sa harangue, fait des allusions à la littérature mondaine. Un peu plus, on entendait le nom de M. Zola résonner sous les voûtes de la Sorbonne !

Cette substitution de la langue vivante à la langue morte part d'un bon na-

turel ; mais, pour qu'elle fût logique et
que nous pussions y applaudir, il faudrait que tout le régime d'éducation uni-
versitaire fût bouleversé ; que le latin et
le grec ne restassent pas les cariatides
de l'enseignement, quand il est autrement nécessaire de comprendre l'allemand et de savoir l'anglais, — qu'en dites-vous ? — que de lire Démosthènes à
à livre ouvert ou Saint-Jean-Chrysos-
tome !

Ils feraient mieux d'avoir au moins le
courage de leurs opinions ! Puisque c'est
de latin et de grec que sont surtout em-
boqués les élèves, puisque c'est le français qu'on travaille le moins dans les
lycées, c'est en latin et c'est en grec que
devraient être rédigés les sermons de
Sorbonne. On a eu tort de supprimer
pour le public le supplice des périodes
cicéroniennes, puisqu'on applique éternellement, ce supplice-là à toute la jeunesse des écoliers.

Ils savent ce qu'ils font, les doctri-
naires, quand ils déclarent indispensa-
ble la religion de l'antiquité. Ils figent
la pensée dans un moule dont ils ont
l'unique brevet. Ils arrêtent l'essor de
l'idée nouvelle dans des têtes qu'on a
bourrées de mots d'un autre âge, de con-
naissances d'un autre monde ! La Révolution française n'eut pas été lycurguée
par Robespierre et césarisée par Napoléon, si les cerveaux de ce temps-là n'a-
vaient pas été hantés par les ombres glorieuses de Sparte et de Rome !

L'intelligence des pauvres, qui deviendrait menaçante pour les gouvernements despotiques, est, au contraire, à leur merci, grâce à l'inanité de l'instruction classique.

Avec cette instruction-là, ils ne servent à rien, dans le grand mouvement d'histoire contemporaine, et l'on préfère, dans l'industrie, un chauffeur barbouillé de suie, à un agrégé barbouillé d'encre — ils ne peuvent gagner leur vie près des machines qui vibrent et grondent sur toute la surface du sol.

Ils deviennent des fonctionnaires, pour ne pas crever de faim, et, tout en se moquant des gens d'église, ils sont, à leur façon, gens de sacristie, et mangent le bon Dieu du pouvoir.

Le lycée, encore une bastille à raser.

JULES VALLÈS.

Les Bastilles

IV
(Les Arrêtés)

LE DÉPOT

I

C'est en pleine lumière, sous le soleil qui éclaire tout le monde, et fait des auréoles aux têtes d'assassins comme aux fronts d'honnêtes gens, que devrait s'étendre le champ d'asile où Paris abrite ceux qui sont accusés d'un délit ou d'un crime.

C'est au contraire sous une voûte pesante, dans une maison sans air et où le jour arrive à peine, que sont amenés ou plutôt descendus ceux à qui la société, flanquée de ses milliers de juges, de soldats, d'agents, reproche d'avoir désobéi à ses règlements et à ses lois ; elle leur montre de la haine et de la peur, avant même d'être sûre qu'il y ait un coupable sous l'habit propre ou sous les guenilles de celui qui vient d'être poussé dans le parc souterrain où les prévenus attendent la justice comme les moutons le couteau !

Même avec le flagrant délit tout chaud collé contre lui, le malheureux qui tombe là peut être un innocent.

Les juges pèseront sa misère ou sa douleur, sa colère ou sa folie. On n'a donc pas le droit de le traiter en ennemi,

et de lui infliger, par avance, ni un supplice, ni une honte.

11 Aout 1882.

On n'a pas le droit surtout de tenir la ville à l'écart de ce spectacle, plein de terribles leçons, de dérober l'homme aux yeux de ses concitoyens, au moment, où son honneur, sa liberté, toute sa vie est en jeu : pas le droit de poser sur cette émanation du mal social le couvercle de pierre d'un immense caveau ! C'est faire la nuit, où il faut le grand jour, c'est enfermer de la chair saine avec de la chair gâtée, et livrer aux vers une blessure fraîche que l'eau de la vérité, du pardon, aurait lavée !

L'accusé est un être sacré, si vil, qu'il ait paru à ceux qui ont mis la main sur lui ; gens dont c'est le métier, et qui ont perdu le sens et le goût de la morale humaine, — à pratiquer la seule fonction de saisisseurs d'hommes dans la grande division moderne du travail !

Je ne fais pas le procès des arrêteurs : il est fou de montrer le poing à des outils, de souffleter des instruments. Ils sont les honnêtes et les bons, les hommes de police qui ont l'uniforme, et les mouchards qui ont le masque, sergents ou fileurs, que les ressorts ou le crachat de la machine, réglée comme une montre énorme par la loi, et qui emporte, au virement de son volant, pêle-mêle, dignes et indignes, grands et petits, porte-clefs et porte-crimes !

Donc, je me place plus haut, bien au-dessus, certes, d'une campagne à faire contre l'administration ou les magistrats. Cette administration obéirait à mes idées précises, ces magistrats seraient laissés au choix des miens, que je ferais la guerre au système dont ils ne sont point les maîtres, et dans lequel ils jouent moins le rôle de dirigeants que d'ôtages.

Je suis de ceux qui croient que la Préfecture de police doit mourir, parce qu'elle est une menace éternelle contre la liberté humaine, et une insulte à toutes les idées belles de mon temps ; parce que le génie même ou la vertu de celui qui tient les clefs de toutes ces prisons dans sa main, ne l'empêcheraient pas de présider à une foule d'erreurs criminelles et de supplices d'un autre âge.

Il s'agit donc simplement de voir la vraie vérité et de chercher la justice, au point de vue humain,—laissant de côté la politique qui divise, pour la science sociale, qui rapproche les esprits honnêtes et appelle à son secours toutes les cervelles, même celles qu'aurait fait sauter le fusil des soldats aux jours des sanglants malentendus !

On n'en est plus là, il y a longtemps.

Le chef de ce journal salua le cercueil de Proudhon, en disant : « Un grand dignitaire de la pensée vient de mourir. »

Depuis, son respect a fait du chemin.

Grâce à son inspiration et celle d'autres dignitaires de l'idée, sous l'impulsion enfin de la grande réflexion commune, les préjugés féroces sont morts, et la philosophie de justice a le droit de parler et de vivre !

Sous son pavillon, peuvent marcher,

côte à côte, les adversaires d'hier à la conquête d'une moyenne de démocratie, qui nous aidera à battre en brèche l'ensemble compact, carré, terrible, de la vieille organisation romaine copiée par le César, dont l'œuvre ne fut pas enterrée, sous le saule de Sainte-Hélène, comme y fut descendu le cadavre !

Chaque pas, fait en avant, rognera de sa longueur le champ de bataille des guerres civiles. Ceux qui les ont traversées ont pu voir, à travers les vapeurs rouges qui brûlaient les yeux, combien il y avait de douleurs armées en dehors de la politique — à côté des convictions qui avaient un mot d'ordre et un chiffon de ralliement.

Que d'isolés et de naïfs vinrent se joindre au bataillon des hommes d'idée, qui avaient deviné ces invisibles revers !

Ils arrivaient, les simples, poussés par le souvenir de quelque injustice subie dans un coin, pour se venger ou la soulager, en se mêlant à un mouvement dont l'état-major disait qu'on tirait au nom des pauvres et des meurtris.

S'ils n'avaient point été personnellement frappés par l'injustice, ils avaient vu un des leurs atteint et brisé, et ils étaient disposés à arriver au premier coup de cloche qui sonnerait l'appel des colères !

A examiner le système d'arrestation et à regarder fonctionner le Dépôt, on peut deviner combien d'âmes ont dû être aigries sinon gatées en passant par là, et comprendre comment des existences tout entières sont prises dans l'engrenage de la honte ou portées sur le chemin des révoltes !

Encore un coup, et cela déclaré une fois pour toutes, les différences d'opinions, les distances entre hommes de parti, n'ont rien à voir là-dedans, rien !

Mes attaques contre l'emprisonnement cellulaire, à propos de Mazas, m'ont valu des lettres de reproche d'amis et des lettres d'encouragement d'ennemis.

Je parlerai du Dépôt, sans faire entrer en ligne de compte notre rancune contre ceux qui nous y envoyèrent sous l'Empire. Dans la cellule où je fus appelé à réfléchir, le soir de la fausse victoire, en août 1870, je trouvai le nom de Auguste Naquet gravé au canif sur le mur.

Sous les couches de plâtre, que d'autres encore ! Mais au lieu de crier contre l'empoignement des *politiques*, et de protester en leur nom en faveur de la liberté de penser, je les ai déjà signalés comme des privilégiés, qui n'ont rien à craindre de la marque faite sur leur habit par les doigts de l'agent ; leur arrestation ne les salit pas, mais elle les honore, bien plutôt ! ils ont la tête au-dessus de la foule et par conséquent sont protégés par toute la place publique en éveil.

Ce ne sont pas ceux-là qui sont en jeu et qui me tiennent au cœur. Ce sont les réguliers par état et par goût, ou les irréguliers par aventure ou par misère ! Je les regarde avec pitié descendre des voitures qui les ont ramassés dans les violons, et portés à la Permanence. On y bâclera leur dossier en deux lignes, et ils seront versés sur les tas d'ordures du Dépôt.

Il y aura là-dedans des gens qui ont des plaies, d'autres qui ont des poux, il y aura du sang et de la fange, — mais souvent la fange sans odeur écœurante, récoltée sur le chemin où se traînent les pauvres honnêtes, les mendiants inoffensifs, les affamés résignés ; les gouttes de sang ont peut-être jailli aussi d'une lutte loyale ou d'un légitime désespoir.

On va, au Dépôt, tasser pêle-mêle, tout le monde, et faire asseoir côte à côte le nouveau et l'ancien, le prévenu tout neuf qui pleure, et le cheval de retour qui jaspine !

On lavera au soufre les habits du détenu, et la vermine crèvera. Mais lui, ne pourra laver la souillure attrapée au Dépôt. Elle atteindra la pensée, si elle n'atteint pas le nom de l'acquitté. L'impression ressentie ne se perdra pas plus qu'une tache qui se noie dans le drap — pas de benzine pour nettoyer à fond un cœur qui fut plongé une nuit dans cette vase, quand ce cœur n'est pas celui d'un romancier à l'affût ou d'un révolté pris en chemin. Il battait, le cœur, à coups comptés dans la poitrine d'un homme suivant à petits pas la route commune, quand un hasard, une tuile, une ca-

lomnie, un geste de fou peut-être, l'a
couché à terre et livré pieds et poings
liés à la police — entre les mains de laquelle il vient de circuler comme une
brique entre les mains des maçons sur
l'échelle d'un bâtiment.

Il faudrait faire un tri, disent quelques-uns.

On le fait. On met dans les cellules
ceux qui présentent une surface de dangereux et ont une mine de « monsieur. » Ils
sont là à l'abri des contacts ignobles, ou
à l'écart des complots à ourdir pour tromper le juge, mais ils sont aussi en face
du danger de l'isolement, en face du désespoir sans consolation, dans l'horreur
du silence, avec l'horizon du bagne et le
spectre du suicide — qui prendra dans
ses bras l'innocent plus souvent que le
criminel.

Il ne faudrait pas plus de cellules au
Dépôt, qu'à Mazas. On y devient fou
aussi bien en une soirée que là-bas en
un mois. Les premières heures sont
vraiment les heures terribles pour l'arrêté.

D'autre part, la promiscuité est affreuse dans les conditions que présente
le régime en vigueur.

Y a-t-il un remède?

Peut-on à la fois protéger la vérité et
ne pas supplicier le prévenu?

Je crois que oui.

JULES VALLÈS.

Les Bastilles.

V

(La Juridiction.)

LE DÉPOT

II

Ce sont des citoyens pris dans la foule, appartenant à toutes les professions et à tous les métiers, qui sont chargés de déclarer au tribunal si les prévenus assis devant eux sont coupables et dans quelle mesure ils veulent qu'on punisse.

Il y a des réserves à faire sur cette institution du jury qui est encore une émanation du privilège, puisque tout le monde ne peut être juré.

D'ailleurs, les traditions de classe et les préjugés sociaux font ces douze hommes-là leurs prisonniers. Il y a la prévention morale sur ce banc en face de la prévention légale sur l'autre.

Telle qu'elle est pourtant, l'institution représente une généreuse tendance vers la pratique familière et simple de la justice.

22 Août 1882

Ne pourrait-on pas faire asseoir la sœur cadette de cette justice là, dans un coin des mairies ou dans n'importe quel local choisi exprès dans chaque arrondissement? Si bien que tous les matins les individus arrêtés seraient mis en face de gens du quartier même auquel ils appartiennent et devant lesquels ils s'expliqueraient, sans être pris du frisson que donnent les interrogatoires auxquels on procède dans les demi-jours des commissariats et dans l'atmosphère grise des cabinets du petit parquet où les premiers juges informent.

Au lieu de passer devant une espèce de tribunal d'inquisition, bas, triste, méchant par métier, insensible fatalement au bout de quelques saisons d'exercice ; tout être qui a été arraché à la liberté comparaîtrait d'abord et avant tout devant des hommes libres dans le vrai sens du mot, non enchaînés par l'habitude professionnelle, par la routine ou par l'ambition, comme peuvent l'être ceux dont c'est la charge éternelle et monotone, de classer le gibier d'arrestation.

Espèce de conseil de famille du quartier !

Qui donc mieux que des voisins, ayant vécu à côté des empoignés, serait capable d'apprécier leur cas !

Ils pouvaient répondre de l'improbabilité du délit ou du crime ; se porter garants, expliquer la faute, la voiler peut-être !

A celui qu'ils croiraient innocent, ils lélivreraient, tout chaud, le certificat de leur conviction.

Cela n'empêcherait pas les hommes de justice, tels qu'ils sont organisés aujourd'hui, de passer outre, le code à la main. Mais dès le début, une heue après que le mandat d'amener aurait saisi le poursuivi, c'est devant cette juridiction morale, indulgente, humaine qu'il prendrait la parole pour se défendre, nier ou avouer.

Mais on ne cèderait leur proie aux gens du parquet qu'après avoir rédigé un procès-verbal — dont le juge ne tiendrait pas compte s'il voulait, mais dont tiendrait compte l'opinion publique à qui on soumettrait le compte rendu de ces honnêtes délibérations.

En tout cas, on épargnerait à tous les arrêtés, quels qu'ils fussent, la douleur de la promenade lugubre entre les agents, les gendarmes et les geôliers. Ils seraient chacun dans l'arrondissement où ils demeureraient ou auraient été arrêtés, regardés et traités comme des innocents, jusqu'à avis différent du parquet. Le dépôt serait fermé.

Il faudrait une loi pour avoir le droit d'établir ces conseils de famille. Nous en sommes loin ! Mais aux conseillers municipaux à réclamer dès demain cette corvée : l'honneur d'être les premiers interrogateurs de tous ceux dont ils ont été les élus et qu'un hasard insignifiant ou tragique aurait livrés à la police.

Ils décideraient, sous leur responsabilité morale, de la somme de liberté qu'il
faudrait laisser à l'inculpé, et suivant
le rang, l'état, la santé, la nature de
l'individu, jugeraient dans quelles conditions il doit vivre pendant les heures
qui précèdent la décision de l'instruction.

Cette juridiction ne vaudrait-elle pas
celle des gens de police, des hommes de
la Permanence et du directeur du Dépôt,
qui est seul maître, à présent, de l'en-
voi à la salle commune, ou à la cellule
ou à l'infirmerie, et à qui il faudrait la
tête de César pour dicter tous les ordres
qu'il a à donner.

Dicter à qui ? A peine les lieutenants
peuvent-ils écrire ce qu'ils ont à enre-
gistrer pour leur compte ! Il y a là deux
malheureux greffiers pour recevoir la
chair humaine, avariée ou fraîche, qui
arrive de tous les coins de Paris.

Ils font leur besogne mécaniquement,
à la vapeur, pressés de visser l'écrou de
celui-ci pour arriver à l'écrou de celle-
là ; collant l'identité du prévenu sur le
registre comme l'homme des bagages
colle le poids et le volume des colis sur
sa feuille derrière le guichet des gares.

C'est à ce moment, quand l'homme,
la femme ou l'enfant donne son nom,
passe sous la toise, qu'il faudrait que
des yeux clairs regardassent dans les
yeux troubles pour y lire la vérité à travers le rayon de cynisme ou le voile des
larmes.

Mais les greffiers n'ont pas le temps de lever les yeux. On pourrait leur crever les prunelles. Ils sont devenus des oreilles et des mains, rien de plus. Ils écoutent et ils écrivent : 1ᵐ60. Cicatrices? — Nom, prénoms, âge, vagabondage, escroquerie, vol, viol! — A un autre !

Et tour à tour débouchent dans ce greffe ceux que les paniers à salade viennent d'amener, que les balayeurs qui ont une épée et un képi, ou ceux qui ont une carte d'inspecteur cousue à leur bretelle ont ramassé, sur la voie publique, ivres de bleu ou ivres de faim, outrageant la pudeur par l'obscénité de leurs gestes ou les fentes de leurs guenilles, souteneurs qui vivent des filles, ou filles qui meurent de ne pas vouloir être entretenues, enfants qui ont fui des parents assassins, orphelins qui se sont trouvés seuls dans le cimetière après l'enterrement, ou pensionnaires de la petite Roquette dont le père n'a plus voulu, mais dont voudront la chiourme et peut être bien le bourreau !

Après eux, des enfants encore; la marmaille en cheveux blancs qui bégaie et se traîne dans les langes de la décrépitude, à qui il faut, à soixante ans, la soupe de son des prisons, comme il faut la bouillie aux nouveaux-nés !

Le défilé des habitués est coupé de temps en temps par un paletot neuf, une redingote noire, une blouse qu'on devine repassée par la main d'une bourgeoise courageuse. L'éducation et le travail montrent main blanche et face honnête dans ce fouillis de vices et de misères !

Traités comme les autres et poussés dans les tas, ces éduqués et ces travailleurs ! Qu'importe s'ils rentrent demain avec des poux dans le logis modeste mais bien tenu ! Qu'importe si, reconnus innocents, ils gardent de leur passage dans ce dépôt une odeur d'ignominie qui ne les quittera pas. Il faut l'égalité du supplice, et sur tous les cœurs le niveau comme sur toutes les têtes, alors que nul ne devrait être supplicié, pas même celui qui est coupable !

On ne leur torture pas les membres, on ne les étend pas sur le chevalet de l'inquisition pour leur broyer les os, mais le mal qu'ils subissent est pire, parce qu'on l'emporte avec soi et que le virus gagné ici sera charrié dans les veines du corps social.

Puis l'homme perd devant le spectacle de la brutalité et du vice le respect de la justice et aussi le respect de lui-même. A voir comment se pratiquent ces choses dans les maisons même qui ont sur leur fronton une femme en pierre tenant les tables de la loi, ceux qui ont passé une nuit ou deux sous ce toit prennent les prêcheurs de vertu pour des dupes. Si la gangrène du vice ne les envahit pas, ils sont mordus tout au moins par un scepticisme terrible qui fait des philosophes et des insurgés de ceux qui ont l'esprit haut et l'amour de la révolte cha-

villé dans le corps, mais qui donnera à
d'autres le dédain de la honte et le mépris pour ceux qui disent que la vertu
est toujours récompensée. Ils ont vu
tant de coupables qui avaient du tabac
et qui riaient; tant d'innocents qui pleu-
raient et auraient voulu partager leur
pain noir, si maigre que la ration soit,
avec la femme qui lui a murmuré à travers la grille du parloir que si elle veut
manger ce soir, elle devra se faire arrêter
aussi — ou se vendre.

Douloureuse visite, celle au quartier
des femmes !

Jules Vallès.

182

Les Bastilles.

VI
(Le Quartier des Femmes.)

LE DÉPOT

III

A la porte du greffe, sont assises sur le même banc une enfant de huit ans, une autre de douze, une fille majeure et une femme qui a cinquante ans.

Aucune de ces créatures ne paraît gênée ni honteuse : — les deux fillettes semblent même joyeuses, la blonde plus grande, la brunette mignonne et frêle. Elles se chatouillent du coude comme à l'école, quand la maîtresse baisse le nez.

Elles n'ont jamais été si libres chez elles. A la maison, on les grondait et on les frappait. Ici, on ne s'occupe pas d'elles, et on a bien autre chose à faire qu'à leur recommander d'être sages — ou vicieuses, — suivant ce que sont les parents.

Elles se sont mises à caresser les fanfreluches de leur voisine, le bout de dentelle, le ruban de soie, le nœud de velours qui fait partie du harnachement de la prostituée, leur grande sœur de prison.

25 Août 1882.

Elles vieillissent en un quart d'heure, sur ce champ de bataille où se traînent les blessées du vice, et deviennent femmes d'emblée dans cette serre chaude de la détresse et de la corruption parisiennes.

— Pourquoi es-tu ici ? ai-je demandé à celle qui n'a pas dix ans.

Elle a souri, m'a regardé avec de grands yeux clairs, et, tout en balançant les jambes, m'a répondu :

— Mes parents me battaient, — je me suis en allée de chez nous.

Elle doit mentir. Son tablier propre, ses bas blancs bien tirés sur ses mollets gras, son pantalon de velours, la faveur rose qui fait cocarde dans ses cheveux, sa mine heureuse, indiquent qu'on a soin d'elle et qu'on l'aime bien dans quelque ménage d'ouvriers courageux.

Mais le père part dès le matin, ne rentre que le soir. Sa mère travaille aussi, fait des journées comme couturière, va au lavoir : on confie l'enfant des voisins qui n'ont pas les mêmes vertus, et dont les enfants sont déjà tarées. Elles montrent à l'innocente les sous ramassés à mendier, peut-être les sucreries données par quelque vieux misérable qui poursuit son but, s'il ne l'a déjà atteint...

Et la petite fille s'éloigne de la maison noire où l'on parle toujours misère, où l'on est triste et grave à cause du mal que donne la vie à gagner, et elle va — à cloche-pied — de son quartier pauvre dans un quartier plus riche où elle rencontre des bouquetières qui ont son âge, la main pleine de roses qui embaument; elle demande à fourrer son museau là-dedans, et s'offre à aller — pour s'amuser — fleurir les boutonnières des messieurs. Quelque affreuse vieille la remarque, met une touffe et un bouquet dans les menottes de l'enfant, et voilà comment la fille pure et frêle de gens qui travaillent tout le jour tombe dans le ruisseau, et prend petit à petit, vagabonde et mendiante, le chemin qui mène au Dépôt.

Rien de navrant comme l'insouciance de ces deux petites vagabondes, qui toutes jeunettes qu'elles sont, roulent peut-être déjà dans leur tête d'oiseau la pensée d'arriver à avoir de belles robes comme la fille publique, sans se douter encore de l'infamie du métier, je l'espère, pas plus qu'elles ne s'aperçoivent des souillures qui font frange à la malheureuse jupe de soie et des taches qui déshonorent ces uniformes voyants!

Mais ce voisinage peut les salir pour toujours. La peur qu'on croit leur inspirer en les faisant prisonnières et en les traînant ici s'est vite évanouie, après un peu d'ahurissement ou quelques larmes, et il ne leur reste plus que la curiosité du spectacle dans lequel elles sont plutôt fières que honteuses de figurer, ces Èves qui portent encore un pantalon d'école.

La plus grande, la blonde, a déjà des

airs de petite femme, et répond posé-
ment et modestement aux questions, si
bien que je n'ai pas osé la tutoyer. Elle
a baissé ses paupières, comme une personne sage, dès que je me suis approché
d'elle.

— Pourquoi vous a-t-on arrêtée?

— Je mendiais.

C'est dit d'une voix douce et nette,
sans embarras, comme si elle déclinait
sa profession.

Elle est proprette pourtant, elle aussi :
— pas un accroc, pas une tache sur son
sarrau, qui a encore l'apprêt d'une em-
plette neuve.

L'avant-bras est blanc dans sa man-
chette de laine rouge, le cou blanc aussi,
dans une collerette de papier, qu'a à
peine chiffonnée la nuit passée au
violon.

Je lui fais remarquer qu'elle n'est pas
vêtue comme celles qui en sont réduites
à demander l'aumône.

— C'est que plus on est bien mis, plus
les gens vous donnent, répond-elle en
défroissant d'un geste à moitié coquet son
sarrau qui fait des plis.

— C'est la première fois que vous venez ici ?

— Oui, monsieur.

— Que fait votre père ?

— Je ne le connais pas; il nous a
quittés.

— Et votre mère ?

— Ma mère reste à faire des cravates
à la maison, mais elle ne gagne pas assez

pour elle et mon petit frère qui est infirme. Voilà pourquoi je mendie. Ce
n'est que depuis que papa est parti, mais
nous sommes bien plus heureux maintenant...

— C'est un meilleur métier d'être
mendiante que d'être blanchisseuse, fait
la voisine, en nous riant au nez et avec
de la bonne humeur plein la bouche,
bien meublée et ombragée d'un duvet
noir, plein les yeux, qui semblent vouloir vous mettre le feu à la peau.

C'est une gaillarde, la blanchisseuse.

— Alors, vous avez été renvoyée de
... s...?

— Oui, parce que je faisais la noce!
On m'a internée à Versailles pour trois
ans. Je suis restée deux ans sans bouger;
mais, l'autre soir, je n'ai pas pu y tenir,
et je suis venue pour danser un quadrille
à la *Reine blanche* et voir mon amant
d'autrefois... Il y a eu une batterie... J'ai
été prise, reconnue, et me voilà. On va
me reconduire à Versailles, à ce qu'on
m'a dit; mais mes deux ans seront perdus, et ce sera à recommencer.

— Et vous travaillez, là-bas, à Versailles ?

— Je travaille le jour, et dur. Mais je
me rattrappe la nuit. Est-ce qu'ils ont
cru que je me passerais d'hommes, parce
qu'ils m'ont colloquée dans Seine-et-
Oise, et de quel droit, je vous demande?

De quel droit, en effet, peut-on donc
exiler ainsi les gens sans forme de procès, et expédier une femme comme une

galérienne dans un des départements qui
font à la Seine une ceinture de libérés
— de libérés du crime ou du vice, des
échappées de bal ou des grâciés du bagne?

Mais elle n'insiste pas sur l'injustice
possible de ceux qui l'ont chassée de ce
Paris où elle est née et où elle a toute sa
famille qu'elle est allée, l'autre soir, em-
brasser en cachette.

La fille publique qui est près d'elle
ne paraît pas davantage se regarder
comme une martyre et ne crie pas contre les règlements qui la mettent à la
merci de la police, à toute heure et jusqu'à la fin de ses jours — et de ses nuits !

Elle a le rire béat, la face tranquille.
l'air bonasse d'une personne dont c'est le
métier d'accomplir de temps en temps
ces voyages au Dépôt et à Saint-Lazare.

Son métier la tient jusque sur ce banc
Elle a l'œil en coulisse et elle minaude,
tout en déclarant qu'elle est en carte, et
qu'on l'a arrêtée pour avoir *fait* quelqu'un après l'heure....

— Vous connaissez la maison ?

— Ah ! je crois bien. Songez donc, depuis le temps !

Il a passé sur son front comme un luisant d'orgueil.

Le greffe les demande. Voici d'autre
gibier !

Une jolie créature, en peignoir blanc,
ayant presque l'air de sortir du lit, tête
nue, cheveux à la chien, manières de
chatte, simple, élégante, distinguée.

vingt ans, arrive en disant :

— Pourvu qu'Adolphe n'en sache rien !

Est-ce Adolphe ou Alphonse ?

Non, celui à qui elle veut cacher son aventure n'est pas un porteur de casquette à trois ponts. C'est un homme instruit, qui travaille pour la licence, me dit-elle en me contant son aventure.

— Il ne sait pas que je suis en carte, il me croit une étudiante, comme tout le monde... Je suis inscrite à la Préfecture, malheureusement, — ou plutôt heureusement, je ne pourrais pas vivre avec ce qu'il donne, et il me quitterait. Hier, je me suis mise à la fenêtre, parce que c'est demain que tombe mon garni, j'ai appelé un vieux, les agents m'ont vue...

On peut écrire, n'est-ce pas ? Je vais lui envoyer une lettre comme si ma mère était venue, je lui pousserai la colle... Qu'on fasse les écritures tout de suite, pour que j'aille à la cantine. J'ai une envie de radis !...

Après elle, la baronne !

C'est comme cela qu'on appelle une femme en beaux cheveux blancs, la figure fraîche encore sous son filet de rides fines, vêtue d'une robe noire bien faite et d'un mantelet à perles de jais.

Une entremetteuse, celle-là ! On l'a arrêtée dans un appartement cossu, où il y avait des salles d'attente pour les mères dont les filles étaient dans la chambre voisine, meublée comme un cabinet particulier !

Elle marche comme à l'église et sem-

ble a la recherche de son prie-Dieu, près
de la chaire où va monter le prédicateur
favori. Elle ressemble à une quêteuse du
grand monde, et l'on s'attend à voir une
aumônière dans ses doigts effilés et
blancs.

Vu l'accusation qui la vise, et vu ses
frusques, vu son grand air et ses petits
pieds, elle sera en cellule, celle-là. Elle
excite l'envie de celles qui la voient passer, et qui disent :

— Il se trouvera bien quelqu'un du
gouvernement qu'elle tient, et qui la fera
sortir de prison !

Après elles, une file d'ivrognesses aux
lèvres baveuses, aux yeux pochés, avec
du tabac plein leur nez rouge et des
traînées d'ordures sur les guenilles dans
lesquelles flotte leur carcasse pourrie
ou cassée.

Elles savent le chemin — tout comme
la femme en carte, — n'ont point peur
de venir, sont contentes d'y trouver le morceau de pain des heures de
repos, une causette à faire avec les com-
pagnes du grand vagabondage pratiqué
depuis un tiers ou même une moitié de
siècle, et qui, sous tous les gouvernements, a échoué ici depuis trente ans.

— Ah ! l'on est mieux qu'autrefois,
m'a dit une estropiée en se redressant
sur sa béquille.

Voilà le progrès !

N'empêche que l'on n'a pu réussir encore à écarter de cet enfer les prêtres et
les nonnes.

Ce sont des sœurs qui veillent sur les détenues. A ces enfants jetées dans la gueule du mal, à ces travailleuses en camisole enragées d'hystérie, à ces chiennes de la prostitution, à ces misères de la chair, à ces agonies des âmes, elles parlent du Dieu juste, et pour que ces femmes ne rient pas, ou, indignées, ne lèvent pas leurs sabots pour les battre, elles leur disent que, plus on a souffert ici-bas, plus on sera récompensé là-haut. La terre est le grand Dépôt, d'où l'on sort pour aller au ciel...

Et il faut dire que dans le quartier des femmes l'on prie et l'on croit à Dieu.

Le mal est plus grand qu'on ne croit !

JULES VALLÈS.

192

Les Bastilles

VII

(Filles inscrites — La tueuse.)

LE DÉPOT

IV

Les enfants abandonnés sur la voie publique sont mis avec les femmes quand ils sont tout jeunes.

Il y a là quelquefois des mères avec toute leur lignée, qui laissent un gamin ou une fillette de plus s'accrocher à leur jupon en guenilles.

Mais tout à l'heure on enverra chacune des prisonnières à sa destination ; on la rendra à la liberté si l'on a pitié d'elle. Cette liberté la rejette plus impuissante que jamais dans la vie, sans ouvrage, c'est fatal. Pourtant, elle peut encore trouver quelque part un peu de charité, et elle est capable de tenir quelque temps contre la famine.

Mais l'enfant de trois, quatre ou cinq ans, que nul ne viendra réclamer, que deviendra-t-il ?

A peine entré ici, il a déjà été numéroté comme au bagne. Il porte, cousu à son habit, un petit écriteau jaune, couleur de l'ancien passeport du forçat.

C'est son passeport, à lui, avec un chiffre pour nom et prénoms : et il l'a dans le dos comme un nombre derrière un zéro.

1ᵉʳ Septembre 1882

Ils ont pleuré, ces petits, quand l'agent les a ramassés et pendant les premières heures de l'arrestation.

Ils ne pleurent plus, ayant trouvé des camarades et une maman d'occasion.

Puis, la cantine vient de s'ouvrir et l'une de celles qui a eu dix sous ou deux sous à présenter au guichet leur a cédé deux ou trois radis roses, une prune, une miette de gâteau, et cela a suffi à la gourmandise de leurs yeux, à la soif de leurs lèvres.

De cette cantine, une fillette, qui a déjà l'air d'une petite femme, est revenue avec une feuille de papier à lettre, une enveloppe, un porte-plume dans une main, et deux belles poires dans l'autre. Elle s'assied tranquillement dans un coin, et sur le pupitre de ses genoux installe son encrier et se prépare à écrire, essuyant sa plume, mordant dans son fruit, et finissant par remplir trois grandes pages d'une écriture tranquille et régulière. Je voudrais savoir ce que dit cette lettre, mais la grande enfant a l'air de vouloir me la cacher, quand j'approche. Les gardiennes en coiffe blanche liront-elles sa correspondance? Elles en ont le droit, probablement. Moi je m'écarte, respectant les secrets de cette prisonnière de douze ans.

A vrai dire, elle ne paraît pas mettre d'émotion dans les lignes. C'est une brebis de retour; elle est déjà venue; elle fait métier de mendier, et, quand elle est prise, elle en avertit les siens, commquand il y a chômage. Probablement une de ses sœurs la remplacera le long du ruisseau, dès ce soir. Elle appartient à la même race que celle qui nous a dit déjà que la mendicité était la profession que lui avait apprise sa mère, parce que c'était la plus simple pour vivre honnêtement.

. La nature ne perd pas ses droits : elles mangent avec une joie de viveuses !

C'est toujours ça de pris sur l'ennemi, entre les mains duquel elles sont tombées.

L'éternel drame de l'éduquée se joue dans un coin. Une demoiselle râpée, bien râpée, avec un corsage de velours qui a des gales rougeâtres et blanches, est mêlée à ces déguenillées, quoiqu'on ne découvre pas dans son allure la marque de la misère originelle ni du vice bas accepté après des années de détresse, — quelque institutrice, qui est sortie de l'hôpital, sans ressources, avec cette robe seulement, et qui n'a pas su où coucher hier !

Peut-être bien a-t-elle essayé de se vendre, et s'est-elle offerte à quelque homme au dernier moment ! Un agent lui a mis le doigt sur l'épaule et lui a ordonné de le suivre.

Elle n'a plus qu'à avoir le bénéfice de l'accusation, si vil qu'il soit.

Elle n'enseignera plus les enfants. Elle prendra des leçons des souteneurs.

Dans son œil tendu, dans la moue de dégoût de sa bouche, dans tous ses gestes

je devine une résolution de colère. A sa
sortie de Saint-Lazare ou du Dépôt,
qu'elle soit condamnée ou relâchée, elle
jettera par-dessus les moulins qui écrasent la graine d'honnête femme ce pauvre chapeau à plumes fanées, à garnitu-
re déteinte que portent les sous-maîtres-
ses. Elle deviendra une aventurière dan-
gereuse, si elle a de l'intelligence et du
sang, elle finira dans une maison infâme
si elle se laisse aller, et ira grossir le
troupeau des femmes *inscrites*, qui justement sont en train de faire tapage
dans leur quartier.

Elles font tapage ; il paraît qu'une
d'elles est arrivée avec des poux. Elles
ont leur coquetterie, leur instinct de pro-
preté.

— Et les messieurs, donc, dit l'une
d'elles, croyez-vous qu'ils aimeraient à
nous voir habitées !

Celle qui parle ainsi est laide à faire
peur, mais elle est approuvée du geste et
soutenue par les grognements d'une autre, qui, elle, a bien soixante ans, peut-
être plus ! Elles ne sont pas rares dans
le tas, celles qui ont des têtes de monstres ou d'aïeules !

Où recrutent-elles leur proie, où trou-
vent-elles de la chair vivante, les misérables ?

L'une d'elles devine ma pensée et me
dit d'un air grave, et comme si elle lan-
çait un axiôme social :

— On crache toujours sur les vieux
ouvriers !

C'est peut-être la fille de quelque travailleur à qui l'on refusa de l'ouvrage, dès qu'il fut vieux et qu'elle vit chasser de l'atelier après quarante ans de labeur ! Elle défend son outil ! Il ne faut pas insulter celles qui gagnent leur pain à la sueur de leur peau, surtout si leur peau est ridée, même couverte des cicatrices du mal qu'on gagne à faire un métier horrible.

Elles ont une des leurs qui a tué son homme. On en parle, les avis se partagent.

— Si de temps en temps on leur envoyait comme ça des coups de couteau, ils ne nous casseraient plus les dents, a crié une grande blondasse, en montrant sa mâchoire démantibulée.

— Mais est-ce qu'on aurait un béguin, s'ils ne nous fichaient pas des coups, a riposté une toute jeune en haussant les épaules... Tiens, c'est Alfred qui m'a mangé l'oreille, regarde ! Eh bien après. Tu crois que je ne lui apporte pas sa paie tous les jours ?

J'ai vu la tueuse.

Figure longue, tête de cheval, l'air commun. Elle a les mains mouillées et s'excuse.

— C'est que je viens de laver le tablier sur lequel il a saigné...

Elle nous signale au coin de la porte, une terrine jaune dans laquelle baigne de la toile bleue.

— Vous ne l'aimiez donc pas, que

vous l'avez assassiné?

— Oh! je ne sais pas. On avait bu toute la nuit. Je voulais le quitter, j'avais déposé mon argent chez Madame Ugène....

— Qui est-ce, Madame Ugène?

— Une marchande de vins où vont tous les souteneurs.

— Et elle garde vos économies! mais si les hommes les réclament?...

— Elle ne donne rien... même que pour ça mon amant l'avait agonie de sottises, l'appelant de noms que j'ose pas vous dire...

Elle n'ose. pas! C'est vrai. Elle balbutie et cherche des paroles qui ne soient pas de son dictionnaire de filles.

— Pour lors, reprit-elle, il m'avait demandé ma journée...

— Combien lui donniez-vous?

— Dix francs, tous les soirs, un peu plus, un peu moins... C'était pas mal pour mon quartier..., mais j'étais la plus jeune, on disait que j'étais la plus jolie aussi, quoique je ne sois pas bien belle. Il n'avait pas besoin d'en avoir une autre, n'est-ce pas? Je ne sais pas s'il en avait une, mais il me battait davantage depuis quelque temps!

Elle n'a pas seulement son oreille à faire voir. Elle avance un doigt rongé, elle montre une cicatrice sur son cou. Si nous voulions examiner sa jambe, nous verrions que l'os du devant est mâché en deux endroits.

— Puis, il m'avait jetée à l'eau dans

le canal... mais j'ai dit que ce n'était pas lui, et les juges ne me croiront pas maintenant... Pour combien croyez-vous que j'en aurai ?

— Si vous l'avez tué pour vous défendre, vous serez peut-être acquittée.

— Oh ça non ! j'ai de trop mauvais antécédents.

— Vous avez été condamnée déjà ?...

— Huit fois — avec lui, une de ces fois là, pour coups et blessures contre une femme, même qu'elle me dit en sortant de prison : « Tu retournes avec lui ? il te mènera aux travaux forcés...» J'irai pour sûr. S'il en était revenu, il aurait intercédé pour moi, il m'a pardonné avant de mourir... je l'ai tenu sur mon bras un bon moment, puis je l'ai posé à terre, je me suis mise à ses genoux, je pleurais...

L'émotion l'a reprise.

— Croyez-vous qu'on me mènera à la Morgue et que je pourrai le voir encore.

Elle se tait et s'assied sur le bord du lit, muette et réfléchie.

La tueuse n'est pas seule dans sa cellule : deux autres femmes, une jeune, une vieille, sont assises devant une table où traînent des sacs à faire.

La vieille n'a cessé de sangloter.

Elle a été arrêtée pour mendicité :

— Je suis pourtant une femme qui travaille. J'ai élevé huit enfants ; mon mari était rédacteur d'un journal de département : il a été correcteur et metteur en pages d'une feuille de Paris, une des plus connues. — Elle nomme un grand journal, mais elle supplie de ne pas la faire connaître, de ne pas révéler sa honte. C'est une erreur de la police. Son fils a peut-être mendié, mais elle a été arrêtée parce qu'elle marchait derrière lui... — Que va dire ma dernière petite, qui a treize ans, et qui ne sait pas ce qu'est devenue sa mère?...

Nouvelle explosion de sanglots.

La troisième prisonnière est insensible, les bras serrés sur sa poitrine, mine honnête, air décidé.

— Moi, dit-elle, j'ai été arrêtée sur la dénonciation de mon mari, avec un monsieur qui est ici.

— Pour adultère ?

— Oui, monsieur, pour adultère. Ce n'est pourtant pas un crime, n'est-ce pas, que d'aimer un autre homme que son mari, quand celui-là ne vous aime pas ?

Là dessus, la sœur a cru devoir indiquer la sortie de la cellule.

JULES VALLÈS.

Les Bastilles.

VIII

(Cellules et Ateliers.)

LA ROQUETTE

I

Nous sommes au dépôt des condamnés maintenant.

J'ai visité la Roquette sous l'empire.

Je transcris les impressions que j'éprouvai et rédigeai, après une promenade dans les cours, les ateliers et les cellules. Rien de changé, rien !

Même mécanique. Il y a dans les prisons la discipline et la routine d'une caserne de la ligne ou d'un hôpital de braves gens.

Mêmes visages ! tranquilles et reposés. J'ai écrit, il y a longtemps, qu'il n'y avait de visages placides que ceux des prisonniers et que la Muse des bagnes était la Sérénité.

Ils n'ont plus, tous ces captifs en veste grise, à se donner la peine de réfléchir ou de regretter. A quoi bon ? Il ne leur servirait à rien de se lamenter, d'avoir l'air repentant, inquiet ou menaçant. Ils sont désarmés, ont perdu la partie : mieux vaut se reposer dans la défaite.

8 Septembre 1882

Il ne faut pas même s'attendre à voir des visages horribles comme on en suppose aux misérables, avec le sang aux yeux, la bave aux lèvres, hideux et noirs comme des mufles de bêtes fauves. Les têtes sont plutôt béates, comme des faces de sacristains, avec les joues bleues, le front jauni et les yeux caves.

Quelques-uns, chevaux de retour, blanchis sous le harnais, ont une physionomie à part, le masque terne et pâle de la Centrale.

La Centrale! On y entre pour un an, cinq ans, huit ans! Depuis le jour de l'arrivée jusqu'au soir de la sortie — si l'on sort! — on n'entend pas sonner la voix humaine; ni au dortoir, ni dans la cour; ni ici, ni là; nulle part, jamais, à moins qu'il n'y ait une bataille, un gardien qu'on tue, l'assassin qui hurle! Les autres écoutent, muets, le bruit de la lutte, et regarderont, muets, guillotiner, dans la cour de la prison, le coupable. C'est la monotonie du silence!

La tête de ceux qui ont passé par là a pris un pli.

Ils ont tous, ces vieux habitués des Centrales, le nez pointu, la peau terne, l'œil clignotant, la lèvre en moue des marmotteurs et des ruminants.

La figure s'est allongée et aplatie aux tempes : c'est un peu la tête du serpent, le museau du rongeur. Ils ont la sensibilité aiguisée et inquiète des rats, des fouines, les belettes, de ceux qui passent sous les portes, grignotent le bois, vont et viennent

lanuit. Vous êtes à peine entré : ils vous
ont vu ; les coudes au corps, le nez vers
leur ouvrage, ils se sont penchés sur une
jambe, ont glissé un œil du côté d'où le
bruit arrive, et ils savent si vous êtes un
ig ou un *pante*. Mais vous ne savez pas,
vous, par où ils regardent, ni par où ils
écoutent. Leur observation est sournoise,
insaisissable.

Nulle part des allures sauvages ou fan-
faronnes !

Il y a quelques débutants qui font les
gentils, minaudent, zézaient et se dan-
dinent. Ils s'aminciront, jauniront, de-
viendront, à leur tour, futés et taci-
turnes.

J'ai assisté à un transfèrement pour la
Centrale.

Ils étaient là, dans un couloir, assis
sur un banc de chêne, contre le mur, dix
ou douze gaillards de vingt à trente ans,
qui avaient quitté le costume de la prison pour reprendre les habits dont ils
étaient vêtus au jour de leur arrestation.
Ils tenaient à la main leur pain, qu'ils
avaient échancré, avec une petite cuiller
de bois plantée dans la mie. Quelques-
uns serraient des lettres dans un mouchoir, deux ou trois portaient des livres.

L'un d'eux — la figure en pointe, les
oreilles pincées, du son plein les joues,
toute la frimousse d'un paysan — jouait
avec un volume à tranches marbrées et à
dos de cuir. J'ai regardé : c'étaient les
Confessions de saint Augustin. Un autre,
en redingote, bouffi et pâle, feuilletait

Aucun ne paraissait triste, cynique ou fanfaron.

Il y en avait trois de la même bande, condamnés pour le même vol, qui disaient à tour de rôle et sur le ton de l'indignation :

— C'est l'*oiseau bleu*.

— Qui ça, l'*oiseau bleu* ?

— Un mangeur ! Vous pouvez le mettre à la musique, allez, quand il va venir demain !

— Vous en serez peut-être de la musique aussi, riposta le gardien.

Le voyou s'est redressé. Il avait les pommettes violettes, la poitrine rentrée, les oreilles blanches : sa voix sortait, haletante, de ses poumons pourris et rongés.

— Moi, de la musique ! M'insultez pas, avant que je crève ! Malheur !

Ce sont les révélateurs qu'on appelle les mangeurs, la musique.

Ils sont placés à part, dans un étage supérieur de la prison.

Si la musique descendait, elle serait écharpée par le régiment. On se jetterait sur les mangeurs, dans les ateliers, dans la cour. La pègre se partagerait les morceaux.

Après avoir appelé chaque condamné par son nom, prénom et sobriquet, le surveilllant tâte les poches, sonde les casquettes, déplie les mouchoirs, cherche entre les doublures et sous la chemise. On s'en tient là. A Poissy, on les

mettra tout nus et l'on opérera des fouilles plus profondes.

Puis on apporte des paquets de ferraille. Ce sont des chaînes longues d'environ un pied, qui ont à chaque bout un
anneau qu'on ferme autour de la cheville.

Il n'y a plus d'attitude à avoir, d'allure à garder : le condamné ne peut
avancer qu'à petits pas comme un estropié.

Ils grimpent ainsi, un à un, dans la
voiture, et se logent chacun dans sa petite cage. La porte se ferme, le cocher
fouette, la voiture part au grand trot des
chevaux, elle fait trembler les pavés sur
lesquels se dressera l'échafaud qui les
réclamera peut-être.

Ils ont tous paru indifférents ; presque
tous ont souri, moins soucieux, certes,
que le voyageur qui pense à ses bagages,
embrasse sa famille, cherche son coin.

*_**

LES CELLULES, LES ATELIERS

Les condamnés n'entrent en cellule que
la nuit. On les boucle, le soir, à huit
heures, on les déboucle le matin à six
heures, et ils sont dirigés sur les ateliers.

Il n'y a, pour surveiller les travailleurs, qu'un gardien. A une petite table
séparée, un détenu plus savant que les
autres, tient les comptes.

Je n'ai point insisté pour reconnaître
les criminels célèbres. Je ne voulais pas

faire souffrir, même un forçat, de ma
curiosité.

A côté de la bibliothèque est une porte
énorme, peinte en vert, qui s'ouvre sur
les cellules des condamnés à mort. A un
clou est suspendu un écriteau avertissant
« messieurs les visiteurs » qu'ils ne sont
pas admis à visiter.

Voici le chemin que le patient par-
court pour aller à l'échafaud. Il prend
le plus long, simplement pour ne pas
traverser des cours où il pourrait être
aperçu par les condamnés.

On le réveille vers cinq heures. Presque toujours il dort. Ce n'est point indifférence, mais accablement, et les plus
lâches sont ceux qui ronflent le plus. Ils
tiennent contre le sommeil une nuit,
deux nuits, soutenus par l'angoisse. Puis
ils succombent, la bête l'emporte : ils
dorment. Je parierais qu'ils ne rêvent
pas ! Le cerveau est épuisé : il a rendu
tout ce qu'il pouvait rendre, et traîne
comme une éponge sèche dans la tête
lassée. Et puis, on s'habitue à tout,
même à l'idée de la mort.

Le condamné s'habille ; le voilà prêt.
Il n'a pas besoin de faire sa raie, de se
laver les dents. Sa tête, dans trente minutes, sera maculée, hideuse ! Il se demande, hébété par l'effroi, si elle est bien
à lui, il la fait tourner sur son cou
comme pour s'assurer qu'elle tient encore.

Il sort : l'air froid du matin glisse sur
ses épaules, secoue ses cheveux sur son
front.

Un reverbère pendu au milieu de la cour entre quatre arbustes aux branches noires qui auront des lilas cet été, éclaire d'un reflet triste la cour dans laquelle le condamné à mort est venu s'asseoir quelquefois et chercher le soleil.

Un soldat qu'on met là, la nuit, est sorti de sa guérite ; enveloppé dans sa grande capote grise, il s'approche pour voir passer ces quatre ou cinq hommes qui en traînent un autre par force au cimetière.

En face est un escalier, dit de secours, comme on en voit dans le ventre des cours. C'est par là que les gardiens arrivent quand la detention se fâche, par là que descendent ceux qu'on mène au cachot, par là aussi que passe celui qu'on va guillotiner.

JULES VALLÈS.

208

Les Bastilles

IX

(L'Exécution.)

LA ROQUETTE

II

Suivant que le condamné à mort est un résigné ou un exaspéré, les prisonniers de la Roquette entendent des gémissements, des blasphèmes, ou seulement le bruit des pas dans le silence. pendant le voyage de la cellule à l'échafaud.

On vient d'arriver dans le couloir étroit et sale où se tient le bourreau avec ses aides, les magistrats et le chef de la police de sûreté.

Une petite table contre le mur, quelques chaises. Le patient s'assied là et l'on fait sa toilette. Il boit un petit verre de vin ou un petit verre de rhum comme Orsini, s'il a le cœur à boire, et en route !

La grosse porte de la prison roule sur ses gonds. C'est le moment terrible. C'est à ce moment que La Pommeraye, qui avait été jusqu'alors impassible, pâlit : l'œil devint vitreux, les jambes fléchirent.

L'échafaud est debout, à vingt pas en avant sur la place,

Pauvre échafaud !

15 Septembre 1882

Il est arrivé en morceaux, vers dix heures, dans une méchante voiture, qui dort là, comme, devant les maisons dont on a à pomper l'ordure, dorment les fourgons de nuit.

On a renvoyé le cheval à l'écurie ; on ne le ramènera que pour remporter le corps humide et tronqué. Les gens du cimetière le feront peut-être déjeûner avec le son du panier !

Je prends dans des notes de jadis le récit — écrit tout saignant — d'une exécution.

Quand nous vînmes vers minuit, l'estrade était déjà dressée ; on ajustait les accessoires, c'est-à-dire le cadre à coulisse du couteau, la bascule, le coffre d'osier ; des charpentiers, avec un foulard autour de la tête, pour ne pas s'enrhumer, étaient en train de cheviller et de clouer. Ils ressemblaient tout juste à des ouvriers de province qui élèvent un reposoir, la veille de la Fête-Dieu, n'ayant pour s'éclairer qu'une lanterne sentant l'huile ou qu'une chandelle puant le suif.

Quelques journalistes monteèrnt au milieu d'eux, et l'on le planta chacun à son tour, à l'endroit même où le condamné s'arrête, où il a pied pour la dernière fois !

La bascule avait le poli crasseux d'une planche à travail de tailleur ou de blanchisseuse ; le panier, couleur d'œuf rouge, ouvrait une gueule bête, comme un requin crevé. Le couteau, enchâssé dans

la rainure, montrait sa lame lourde et
noire en son épaisseur, comme une hache,
— brillante du fil seulement et taillée
en tranchet.

Un bonhomme, un peu voûté, coiffé
d'un chapeau énervé, vêtu d'un paletot
râpé, veillait à tout, époussetait, engre-
nait, graissait. Un peu plus, il se serait
couché dans le panier pour voir si l'on
pouvait tenir avec sa tête. C'était l'homme de confiance du bourreau.

Celui-ci ne tarda pas à arriver. Il ne
ressemblait point à l'exécuteur d'aujour-
d'hui, ce Monsieur de Paris. Il avait, lui,
la taille et l'allure d'un tueur du temps
où les hommes avaient six pieds. Un co-
losse, un géant.

Il s'avança, les mains dans ses poches,
gros et lent, et monta d'un pas traînard
les marches de l'échafaud. Il jeta un regard banal de droite à gauche, puis alla
vers le couteau, le fit jouer, et dit : «C'est
bien.»

Il redescendit, nonchalant et muet.
Le directeur l'invite à prendre une
goutte chez lui, avec quelques journalistes, en attendant.

Il demande la permission de monter
en casquette, accroche son chapeau chez
le concierge, s'applique sur le crâne une
espèce de passe-montagne — il avait
bien soin de sa tête, — et ainsi coiffé, il
se mit à siroter sa chartreuse : il avait
voulu du doux, le dur lui faisait mal

Il allume un cigare et le fume avec

les mines de rêvassier, renvoyant à petits coups la fumée et la regardant mourir.

Il causait entre les bouffées, parlait jardinage, expropriation, bâtisse, étant propriétaire de terrains considérables, à Levallois, en ayant large comme un cimetière de village.

Il tirait sa montre de temps en temps.

Tout d'un coup, il se leva, et nous avertit qu'il a à jeter le dernier coup d'œil.

Le peuple battait la semelle tout autour de la place, et les blagues des Tortillards et des Barbillons ne parvenaient pas à réchauffer cette galerie de transis.

Autour de la guillotine, des bruits de bottes à éperons, des frissonnements de sabres, des hennissements et des piaffements de chevaux.

Ce n'est pas la peine de geler. On rentre dans la loge du concierge, bourrée de curieux. Quelques officiers vont réchauffer au poêle leurs pieds morts dans leurs bottes. Sur ce poêle-là, un lieutenant mit son casque : à la lueur du gaz, je vis se refléter dans la calotte d'acier la tête du bourreau allongée et comique.

Il était déjà tard dans la nuit, presque le matin. La lassitude cassait les genoux, hébétait les faces; les cheveux étaient secs, les mains crasseuses; les assistants avaient des taches violettes sur les paupières et des brouillards de sang dans les yeux. Quelques-uns s'étaient emparés d'un lit et en gardaient chacun un coin, pelotonnés et accroupis : d'autres, dans les coins, dormaient la tête ballante, le front battant le mur.

Au milieu, les moins las se tenaient debout, la cigarette ou la pipe aux dents: on demandait du feu à son voisin qui était un agent de la sûreté ou un valet de bourreau.

On mettait tous les quarts d'heure le nez à la fenêtre pour regarder si l'aube avait tué la nuit, et si le temps serait clair.

Ferait-il jour à six heures? Y verrait-on, au moins, quand l'homme arriverait? Le soleil se lèverait-il pour l'éclairer. On suivait avec impatience dans le ciel la fuite des étoiles et l'on interrogeait anxieusement l'horizon...

Tout d'un coup on apporte des nouvelles. Une voiture est en train de trouer la foule : c'est l'aumônier !

Il s'échappe de quelques poitrines un soupir de soulagement ! Si à ce moment un estafette eût apporté la grâce, il y en a qui se seraient fâchés, ne voulant pas avoir *drogué* pour rien.

Pous assassiner le temps, les lettrés faisaient des mots : l'esprit, à son tour, aiguisait son couteau, la plaisanterie sentait le crime, c'était canaille et froid comme le fer qui allait trancher la nuque.

Voici le prêtre qui entre, tousse dans cette fumée, salue et passe, muet et rapide, son livre d'heures sous le bras, cachant son crucifix.

Le silence! — Tout le monde s'est dé-couvert et il y a eu un tressaillement et comme une brise d'angoisse!

On va frapper les trois coups!

Et le bourreau?

Il est dehors, tirant par la bride la bête attelée à la voiture de l'aumônier; il l'écarte de l'échafaud. C'est assez du fourgon qui est déjà là, où l'on enfour-nera le panier et qui partira au galop pour le cimetière!

Puis, Monsieur de Paris rentre, s'as-sied encore, fait une nouvelle pause près du poële, mais il a mis, cette fois, sa tête dans les mains. Repasse-t-il sa leçon? A-t-il peur?

Non! il s'est relevé, d'un air résolu, il a secoué ses jambes, étiré sa redingote, rajusté son cache-nez de soie blanche, ôté sa calotte de fainéant, et va repren-dre son tuyau de poële, qu'il enfonce pres-que d'un air de défi sur sa tête; puis il s'engouffre dans la cour.

Six heures.

C'est à six heures que le couteau doit tomber. Mais cette horloge avance. — le bourreau va comme la Ville.

Cette fois, c'est à la bonne horloge. Le voici!

Pâle comme s'il était déjà mort — la face enfarinée d'un clown.

Une blouse bleue fanée l'habille, mais comme les ciseaux de l'exécuteur l'ont tout-à-l'heure déchirée, on a jeté sur le dos de l'homme la capote grise d'un gar-dien.

Il marche à petits pas, gêné par les entraves qu'il a aux pieds, tenu à l'épaule par les aides du bourreau.

En chemin, il se tourne vers l'un d'eux, et remue les lèvres : « Ne me tenez pas. »

Son orgueil souffre ; il a peur que ceux qui sont là croient qu'il flageole et chancelle. L'aide ne répond rien, et se mouche de la main qu'il a libre.

Des gens qui passent dans la cour, un balai ou un seau à la main, s'arrêtent un moment, et retournent à la fontaine ou au ruisseau.

Le condamné est arrivé devant la grosse porte qui, seule, lui masque le décor du supplice.

Elle va s'ouvrir !

Je le vois qui se raidit ! Il bat comme un rappel, prépare ses nerfs, ses muscles, se tend ! Son œil menace la cloison le fer. Les deux battants s'écartent... Il a vu !

Mais la moue du dégoût aux lèvres, la bouche semblant crispée par le mépris, il monte l'échafaud comme un escalier de théâtre.

La terre lui manque... il s'abat sur le ventre, une planche glisse, revient... C'est fait. L'aide chasse, d'un revers de main, la tête dans le panier.

Le bourreau descend, et l'on démonte l'échafaud. Il a l'air, au milieu de la place, d'un estropié.

Il ne faudrait qu'une chiquenaude

pour le tuer.

JULES VALLÈS.

Les Bastilles.

X

SAINTE-PÉLAGIE

Le seul coin de Paris où l'on fût libre, sous l'empire !

Il n'y avait véritablement qu'un prisonnier : le directeur de la prison.

Il voyait que l'aigle commençait à battre de l'aîle et que le coq républicain allait chanter. Aussi tenait-il à ne pas se mettre mal avec ceux qui pouvaient d'un moment à l'autre prendre le pouvoir, et il était, comme l'âne de Buridan, très embarrassé : obligé de faire du zèle publiquement, — mais s'efforçant, dans la coulisse, de se ménager l'indulgence à venir de ceux qu'il tenait sous clef. On abusait de la situation du pauvre homme, — c'était de bonne guerre, on l'avouera, — et il tremblait pour sa place, le malheureux !

Il faut vraiment que la possession de l'autorité rende les hommes aveugles et leur estropie le cerveau, pour que tous les gouvernements, à tour de rôle, aient fait mettre dedans journalistes ou orateurs.

22 Septembre 1882.

C'est l'honneur de ce journal d'avoir toujours protesté contre la mouchardise et la chiourme de la pensée humaine. Mais, en dehors du principe, on peut souffleter les poursuiveurs d'articles et de harangues au nom du bon sens et avec les feuillets de l'histoire des révolutions.

Tous les grands dignitaires de la pensée passèrent par Sainte-Pélagie, *sous le tyran*, un brave homme de tyran, pourtant, le roi à parapluie, mais qui, engagé dans l'ornière de la persécution alla jusqu'à laisser ses ministres poursuivre et incarcérer Béranger et Lamennais, deux de ses involontaires complices.

Béranger noyait dans le vin rose du Caveau les colères républicaines en même temps qu'il aidait Transnonain par ses odes à la soldatesque, et ses saluts à Napoléon, passant les bras de la démocratie dans les manches de la Redingote grise. — L'autre, le prophète des *Paroles d'un croyant*, maintenait la religion au-dessus des foules, bibliste sombre qui se contentait de montrer patte noire au ciel ou bien d'y clouer son gant.

Ces deux glorieuses cariatides masquées du système bourgeois, étaient condamnées par des juges à la Prudhomme et à la Paturot et bouclées tous les soirs dans leurs cellules comme de simples scélérats !

Quelquefois, pourtant, on était embarrassé des prisonniers, et on les laissait mijoter leur évasion. On ferma les yeux

sur les manœuvres de Marrast, prépa-
rant la fuite de tout un troupeau de co-
détenus. La matoiserie du roi dicta cette
économique et commode cécité. On fut
dupe par ordre. La consigne fut de ron-
fler.

Ce fut naturellement Marrast et Flo-
con, toute la compagnie des anciens
co-détenus qui entra triomphante à l'Hôtel de Ville en février, après avoir été ac-
clamée debout, pleine de sang, sur le
tombereau où gisaient les fusillés du
boulevard des Capucines.

La République ne fut pas plus généreuse et fut aussi maladroite que la
royauté. Sainte-Pélagie vit arriver
Proudhon, Duchêne, Veabenter, dix autres, avec un siècle de prison sur les
épaules. Jamais on ne condamna tant les
républicains que sous cette république-
là. Le sabre de Cavaignac estafila le défenseur de la liberté tout le premier. On
fit payer à Emile de Girardin du supplice du secret son courage et ses théories. Cela ne profita guère au général de
juin.

Même en cette époque de troubles,
avec le prétexte de défense légitime in-
voqué par le pouvoir mis en joue pour
le bon dans la rue et prétendant que le
geste était commandé par le club ou la
presse, même alors, sous le ciel orageux,
il fut inutile et sot d'en appeler à la prison. Cela ne changea rien — cela ne
changera jamais rien : — la prison politique ne sera jamais qu'une école de résis-

tance où se recrutera l'état-major des gouvernements futurs.

Il en est de la pègre républicaine ou socialiste comme de celle dont la chaîne des galériens chantait la fanfaronne chanson : elle grandit, prend langue et courage entre les murs de tous les bâtiments où l'on enferme les blasphémateurs de l'autorité, les mécréants de l'ordre social !

C'est à Sainte-Pélagie que Blanqui, le patriarche de la persécution, refit des disciples, réorganisa un bataillon, après ses dix ans faits et pendant quatre années à faire, remettant sur le tapis le jeu des conspirations, qui était peut-être hors de mode sur le champ de bataille nouveau, mais qu'on est porté à jouer, fatalement, quand on n'a pas sa liberté. C'est la revanche du fond du cachot. La doctrine du complot sort comme un crapaud du moëllon des prisons. On la tuerait dans l'œuf en cassant la coquille de pierre.

C'est parce que le procureur général n'a plus agité du même geste monotone et convaincu le glaive de la loi, que la tradition complotière s'en va, qu'elle va mourir, qu'elle est morte. Mais si, au lieu de ressembler au sabre du garde-champêtre, ce glaive-là prenait encore des airs menaçants et piquait la liberté au cœur, on aiguiserait contre lui, dans l'ombre, l'arme sournoise des conspirations, le poignard sur lequel on jurait de tuer les rois.

Messieurs du parquet, ne nous ménagez pas ce retour au passé, ridicule pour les penseurs, mais suffisant aux hommes d'action. Quand on n'a pas l'outil de la parole ou de la plume libres dans la main, on prend ce qu'on peut pour faire vrille dans la peau de l'ennemi, — et il part du plomb, quand il devrait passer du jour.

Sans compter qu'on ne vole pas seulement la liberté du détenu, on vole le fonds social, on rogne l'intelligence humaine.

Ces détenus restent des ennemis, mais deviennent aussi des impuissants pour tout le temps où la calotte de la détention pèse sur leur tête : la solitude de la cellule tue la pensée, la promiscuité l'immobilise et l'emprisonnement la pétrifie.

L'esprit n'est ouvert qu'à ce qui se dit dans l'emmurement ; on tire le verrou là-dessus comme le gardien l'a tiré sur la porte.

Ce n'est pas seulement une opinion, c'est un témoignage, celui d'un homme qui reçut l'hospitalité à Sainte-Pélagie comme à Mazas.

Heureusement pour le pouvoir, le régime de cette maison de retraite forcée était lâche, et les prisonniers ne buvaient pas dans le bidon la haine sourde et féroce de ceux qui lappent l'eau des maisons de force et de supplice. Ceux-là, que la torture menace, que l'on s'ingénie à faire souffrir, ceux-là sont les commandants anonymes des incendies au

hasard et des tueries sans merci, perdus
dans la foule, les jours de tempête,
comme ils l'étaient dans le tas de numéros de Clairvaux! Plus le supplice a
été cruel, plus cruelle aussi sera la revanche. L'homme qui donna le signal de
la mort de l'agent Vizentini, était un ancien condamné pour société secrète, qui
fut sans pitié, disant qu'on avait été sans
pitié pour lui! Il lâcha aussi son coup de
fusil rue Haxo, et se fit tuer ensuite.

Nul doute que si Sainte-Pélagie eût
été féroce pour ses hôtes du pavillon des
Princes, la génération qui passa par là
eût été plus méchante aussi.

Mais l'on était libre de tout dire, après
avoir été condamné pour n'avoir presque
rien dit.

Et c'était tout le jour des cris de :
« Vive la République démocratique et sociale ! » et des toasts aux grands jours révolutionnaires passés, et aux grands
jours à venir. Les plus modérés y lais-
saient leur modération, et se chauffaient
du même bois que les plus enflammés.

Les gardiens enchérissaient sur le directeur et insultaient le gouvernement,
quand on avait fermé la porte.

L'un d'eux, qui ressemblait à Napoléon III, avait tous les soirs, au moment
du bouclage, son verre d'eau-de-vie, à
condition qu'il criât : *A bas l'empereur !* A chaque cri, un petit verre. On
eut une forte note de cognac chez le mar-
chand de vins du coin !

Nous corrompions les gardiens. Nous

fraternisions avec les ouvriers.

Les condamnés des réunions publiques, presque tous artisans, ouvriers aux mains calleuses, ayant aux doigts les durillons du travail, n'étaient séparés des journalistes que par un escalier.

On n'eut qu'à le traverser, et du même coup fut franchie la distance qui séparait encore la redingote et le bourgeron. Il y eut fusion entre les hommes du peuple et les échappés de la bourgeoisie. Ce grand pas en avant de la démocratie fut fait dans les corridors de Sainte-Pélagie.

JULES VALLÈS.

224

Les Bastilles

XI

(Cachots de Province.)

UNE AUTRE PRISON

C'est bien Paris qui est devant moi, quoique je sois à deux cent lieues de Sainte-Pélagie, de la Roquette et du Dépôt.

C'est Paris généreux, vivant, harceleur des puissants, siffleur des victorieux, qui se dresse dans mon souvenir, et que j'ai besoin d'invoquer, pour ne pas mourir de tristesse, quoiqu'il n'y ait pas dix jours que j'ai perdu de vue les hauteurs de Montmartre. Il me semble qu'il y a un an, et que je suis de nouveau dans l'exil.

Mieux vaudrait, vraiment, vivre chez les Sarmates de Londres que dans une petite ville de France, quand on est un Parisien parisiennant et qu'on a rôdé longtemps sur cette terre classique des rébellions, où la parole et la plume mettent tous les jours en joue une injustice ou un préjugé, sans compter les matins où d'autres outils s'en mêlent.

29 Septembre 1882

Qui a souci du peuple saigne à voir combien il semble y avoir, dans les veines de certains pays, peu du sang qui roule la force et l'envie d'être libre.

Où je suis, on voit les soutanes des curés, les robes des frères, les coiffes des sœurs balayer la terre ou battre des aîles, comme on voit voleter et se traîner les pies et les corbeaux dans le grand silence les plaines. Il y a ici le silence des idées, et la misère est le cadavre que ces oiseaux de proie chrétiens ont à déchiqueter.

A Paris, elle remue, cette misère, où l'on remue pour elle. Elle a ses avocats et ses soldats, ses apôtres, et même, en temps de tempête, ses capitaines.

C'est que le mal social est étendu sur la place publique, comme snr un lit d'hospice, et le diagnostic est donné, le mal signalé, le remède discuté, même par des heureux et des gens d'autre classe, par des échappés de la détresse ou des déclassés de la bourgeoisie, en pleine chaire ou en pleine tribune.

Mais, dans un petit chef-lieu, l'enquête est défendue et la résistance impossible. On refuse le travail, le pain, la main, à qui élève la voix en révolté. On fait, au contraire l'aumône à qui courbe le front, et voilà pourquoi il y a tant de gens qui, dans le monde en redingote, mendient le repos, commè d'autres, dans le monde en blouse, mendient la soupe.

C'est une chasse à genoux après les
places où l'on peut gagner de quoi ne pas
mourir. Quand on y sera, il faudra, pour
n'en pas partir, rester l'homme-lige de
ceux à qui l'on doit sa chaise.

Donc, pauvres sans vergogne et pauvres honteux multiplient les saluts et les
soumissions. Il faut les plaindre, sans
leur jeter la pierre : ils excitent la douleur et la pitié.

Mais les riches aussi acceptent le joug,
quoiqu'ils aient les cornes coiffées d'argent : — pour garder l'argenture, et, si
c'est possible, y ajouter une couche d'or,
ils font tout comme les déguenillés et les
râpés, ils saluent ceux qui, chefs d'usine ou gens d'église, sont les maîtres du
terrain.

Ici, ce sont les ensoutanés et les em-
béguinées qui ont le sol, et qui ont aussi
le par la tradition et la résignation sé-
culaires, l'autorité; ils ont la main et le
pied partout, partout! Voilà pourquoi la
population est sans vertu et sans ressort
et le pays n'a pas fait un pas, depuis quarante ans, hors du chemin qui conduit à
la cathédrale et aux croix de mission
plantées dans les faubourgs.

Ah ! si Paris n'était pas là !

Mais, tournant le dos à la Vierge, qui
domine la ville soumise, je cherche à l'horizon la fumée de la forge qu'allume tous
les matins la cité de combat, et je me dis
qu'un beau jour il partira bien de là

et la liberté des communes et la loi qui
tue le budget des cultes. On verra alors
les marmottes se réveiller peut-être !

Il semble que nous soyons loin du moment. Loin aussi des prisons à travers
lesquelles nous avons voyagé depuis des
semaines, mais nous rentrons dans le do-
maine de la captivité par la porte d'une
prison sœur de province, contre laquelle
j'amène le spectre des prisons de Paris.

Dans les prisons de la Seine, la liberté
de l'homme est confisquée, avec férocité
parfois, comme à Mazas, où l'on matte
personne physique et morale, chair et
pensée du détenu. Au Dépôt, il y a la
promiscuité qui communique les poux et
les vices. Mais on ne reste au Dépôt que
quelques heures, trois jours au plus. A
Mazas, la philanthropie essaie de se faire
pardonner l'encellulement par la salu-
brité. Le régime alimentaire et l'hygiène
sont soignés; et viennent, témoins hypo-
crites mais grassouillets, déposer en faveur des moralistes-impitoyables.

La prison de province, d'où je sors,
suinte le rhumatisme et pue la peste.

Si elle était noire et immonde comme
un cul de basse-fosse, comme ces cachots
de la Bastille, où l'obscurité était la
complice du prisonnier, et dont je regret-
tais l'horreur, parce que dans ses ténèbres on pouvait creuser le trou de l'évasion,
sion, il y aurait pour le captif moderne
les chances de s'échapper qu'avait le cap-

ti ancien !

Si l'on y trouvait un attirail de supplice, il y aurait aussi l'occasion, pour l'écrivain et l'orateur, de saisir les chaînes et de les agiter devant le tribunal de l'opinion publique, avec un bruit qui ferait peur. Mais il n'en est pas ainsi ! C'est la torture humide, pour faire pendant à la guillotine sèche ! Supplice sourd, souffrances invisibles, mal bête, dont peut-être les victimes ne sentent pas elles-mêmes tout de suite la patte mouillée et la molle morsure !

Mais les poutres sont comme des piliers d'éponge pourrie — assez épaisses et dures pour résister aux coups de poing ou aux coups de tête des enfermés. Si humides, pourtant, ces barrières entre l'homme et la liberté, qu'on dirait qu'elles ont reçu la rigole des larmes échappées à tous les yeux qui ont pleuré là !

Les pierres sont empoisonnées !

Ce n'est pas l'odeur des pavés sur lesquels brûlait le bois qui cuisait la marmite de l'Inquisition, où il passait des langues de flamme, où il restait des grains de braise, que montrait le doigt des fanatiques.

C'est dans une ombre louche, dans un jour maladif, la carcasse d'un cachot gris qui a des taches de gale et des suées glaciales !

Le séjour là-dedans ne brise pas le prisonnier, mais noie son cerveau et son cœur, et mêle de l'eau à son sang, qu'on n'a pas le droit de pâlir avant de le faire couler !

On a voulu laver cette carcasse, et l'on ordonna, il y a six mois, de faire la lessive. On la fit : la maison grelotte encore, les dalles ont simplement gagné l'hydropisie, et les pieds se gèlent à marcher là-dessus, et les épaules prennent le frisson, comme lorsqu'on visite une grotte n sautant sur les éclats de rocher qui depuis des siècles trempent dans la mer.

C'est dans ces cachots empestés et humides que des accusés sont restés des mois, n'ayant ni la protection de la complète obscurité, ni la joie de la grande lumière.

Un condamné à mort a passé soixante jours avec ce manteau de froid et ce voile de nuit mal déchiré pesant sur sa tête destinée au bourreau. Mais il avait le tricot de la camisole de force, plus chanceux que les « bagneux » qui attendaient la révision de leur jugement et n'avaient que leur veste de paysan.

Il faut apprendre au département qui garde une prison pareille qu'à Paris elle ne resterait pas debout. Il faut aussi que Paris, où l'on fait les lois, sache ce qu'il en est, afin qu'on avise.

La prison dont je parle est celle du Puy (Haute-Loire), et le condamné à mort qui a pourri là-dedans est Mallet, qu'on a exécuté il y a un mois.

A propos de la camisole de force, qui le tient à peu près sec jusqu'à l'échafaud, disons qu'à Paris il n'y a plus cette prison de toile pour doubler la prison de pierre.

Les deux hommes qui sont dans la cellule des condamnés à mort, à la Roquette, n'ont pas la camisole. — Il faut l'enlever à tous ceux qui, dans les coins de France, attendent le bonjour du bourreau!

JULES VALLÈS

232

Les Délateurs

On a traité comme un paradoxe et à
peine daigné discuter la doctrine d'Emile
de Girardin sur l'inutilité du châtiment
Ayant, comme je l'ai déclaré plusieurs
fois, pris la résolution de ne point m'at-
tarder ici dans la discussion des théories
et de m'en tenir aux constatations précises, au document social, je ne discute-
ai pas l'idée, mais je dois dire qu'à con-
sidérer les prisonniers, on serait volontiers de l'avis du champion de l'impunité.

Le remords ne met pas sa griffe sur
les faces et ne mange ni la cervelle ni la
chair des détenus. Il ne dévore pas les
gens; il les engraisserait plutôt. Le
vieux prisonnier est bouffi, comme
les moines, et les anciens forçats prenaient du ventre dans leur couvent. Il
en est peut-être autrement maintenant
dans l'enceinte de la Nouvelle-Calédo-

7 Octobre 1882.

nie. Mais le néophyte même, celui qu'on vient d'arrêter pour la première fois et que se passent de main en main les divers agents de la peur publique, si désolé qu'il soit, quelque âme qu'il ait, celui-là n'aura plus le masque d'un attristé ou d'un rebelle deux heures après qu'il a été emballé et envoyé à destination des maisons de justice. L'insensibilité du mécanisme rend insensible celui qui est pris dans l'engrenage, bien qu'il y ait, au bout de tous ces tours de roue, la mutilation de l'honneur et de la fortune, s'il n'y a pas mutilation de la liberté et amputation de la tête.

L'empoigné pourra devenir fou dans l'isolement de la cellule et pleurer pendant les premiers moments de promiscuité sale et malsaine, mais il ne semble pas prêt à devenir meilleur par réflexion ou repentir.

Les moralistes de toute couleur en tireront les conséquences qu'il leur plaira : telle est la remarque des observateurs impartiaux et qui se contentent d'ajouter leurs notes, comme un compte en chiffres, au grand livre d'enregistrement des passions humaines.

Ce n'est pas le remords, ce n'est pas la honte, ce n'est pas même la douleur qui envahit les gens, dans l'atmosphère de captivité. On ne distingue pas un honnête homme d'un scélérat, dans le tas des détenus. Les barrières tombent entre eux aussi, et tel qui est un brave garçon arrêté par erreur ou que l'amour a poussé à un geste de crime excusable et que le jury pardonnera, fera bon ménage sur les bancs des couloirs, dans la cellule à trois, ou dans le préau commun, avec un gaillard accusé d'une véritable infamie !

J'ai toujours été obligé de consulter la feuille d'écrou, pour savoir quels étaient les innocents ou les coupables dans un lot de prisonniers, et quand je ne pouvais m'y tromper, parce que les têtes gardaient comme un casque le moule des centrales et des bagnes, je retrouvais chez ceux-là l'impassibilité des résignés, l'immobilité de traits des musulmans du supplice.

Je constatais toujours la banalisation du châtiment chez les vieux, comme, chez les nouveaux, l'effarement rapide du désespoir.

Au bout d'une soirée ou d'un jour d'épreuves, celui qui ne s'appartient plus, mais qui appartient aux gendarmes et aux gardiens, celui-là n'est ni furieux, ni repentant ; il est *penaud*.

Quand on n'est plus son maître, on perd non seulement la liberté d'aller et de venir par des routes de son pays, mais on perd la force et l'envie de se juger et de juger les autres ; on se laisse vivre, sans penser à ceux qu'on tue ou à ceux qui vous tueront, et l'on ne sait bientôt plus ce que c'est que la colère ou la vertu.

Ah ! il faut y regarder à deux fois avant d'arrêter un homme.

C'est souffler sur une pensée, qui faisait flambeau, grand ou petit, dans l'éclairage du chemin où s'avance un peuple ! C'est en même temps empester une mèche ou la salpêtrer pour les temps qui sentiront la poudre.

On retrouvera toujours, sur le chemin de la révolte contre la vertu ou le pouvoir, celui qu'on a gardé assez de temps pour le rendre témoin des infernales sottises dont, consciemment ou non, se rend coupable l'administration centralisatrice et routinière, à qui l'on livre avant et après le verdict ceux qu'on a cru devoir — pour trois jours ou pour un quart de siècle — faire sortir des rangs de l'armée qui, tous les matins, livre la bataille du travail et gagne le pain de la patrie.

Qui a été en prison y retourne comme prisonnier ou emprisonneur, rancunier politique ou habitué de droit commun.

Ne parlons que des hommes de droit commun.

La police sait si bien qu'une fois qu'on a passé par le Dépôt, Mazas, la petite Roquette ou la grande, on a toute chance d'y revenir ; elle est si sûre d'avoir donné l'éducation et le goût du crime à ses hôtes de passage, qu'elle les attend tous les matins, avec des reconnaisseurs cachés dans les coins et qui dévisagent les arrivants.

On a à peine vidé le panier à salade, que déjà tous les chevaux de retour ont sur eux les yeux de trois ou quatre vieux gardiens ou inspecteurs, devant lesquels ls contreieront ieur marche ou feront grimacer leur figure, s'ils ont intérêt à ce qu'on ne sache pas qui ils sont.

Quelquefois ils réussissent, échappent à l'inspection et se dérobent au souvenir de brigadiers, dont la vue a baissé, dont le flair est parti, ou qui n'osent pas se prononcer.

Mais qu'a-t-on fait ? On a embrigadé la science, enrégimenté la photographie, mis le soleil au service de la Préfectance !

On tire la ressemblance des personnages arrêtés. Voici le portrait.

A présent, on inscrit la couleur des yeux, et l'on mesure le pied droit.

Un homme arrive qu'on soupçonne d'avoir été arrêté déjà, qui le nie, et que les vieux limiers de police ne reconnaissent pas.

Il a les yeux bleus, son pied droit mesure 20 centimètres, sa taille 1^m,60.

On va au casier : yeux bleus — au casier, où les pieds ont 20 centimètres — à celui où les tailles ont 1 m. 60—et en un instant on possède un dossier menaçant contre l'homme qui ne peut arracher ses prunelles de l'orbite et n'a pas songé à se rogner les pattes ; on ne pense pas à tout !

Moyen d'information redoutable.

Du reste, il y a la chambre noire de la délation qui fait concurrence à la photographie, et honte au soleil !

Si j'en juge parce que j'ai pu apprendre, ce n'est même pas la police régulière, dont c'est le métier de filer les gens, de chercher à découvrir les auteurs des crimes, ce n'est pas la Rousse payée à l'année avec caisse de retraite ou pension au bout de la carrière ; ce n'est pas non plus la Muette, composée d'*indicateurs*, ayant une profession honorable ou un état vil, mais également aux gages de la police : ce n'est pas le corps des agents connus, ni celui des infâmes mouchards ignorés, qui lève à lui tout seul les lièvres, dans les champs du vol ou de l'assassinat. Souvent, presque toujours, c'est un individu mâle ou femelle, qui, lorsque la justice tâtonne et que l'instruction n'y voit goutte, vient s'offrir à l'éclairer si on veut payer la chandelle. — Donnez-moi vingt francs, cinquante francs, et je vous dis ce que je sais...

Je me figure que la plupart des grands criminels ont été ainsi trahis, trahis par les leurs, parents, amis. Ils ont été vendus au bourreau par ceux qui étaient de leur sang ou de leur métier.

Quand on se rappelle qu'il y eut un demi-million de dénonciations après la Commune, il faut bien croire à cette lâcheté ! — mais il faut dire aussi que s'il n'y avait pas de débouché pour ces trahisons, elles crèveraient sur pied, et la racine en mourrait dans les cœurs.

On aboutit toujours, devant la police et la prison, à la suppression de l'institution, à la mort de la Préfecture.

Jules Vallès

LA COUR D'ASSISES

Pendant que j'écris ces lignes, un condamné à mort, deux condamnés au bagne, dont une femme, font leur toilette, chacun dans sa cellule, pour paraître devant les jurés de Paris, le verdict d'un autre jury ayant été cassé pour un détail, une bêtise, — bêtise qui recollera peut-être sur les épaules d'un homme sa tête marquée à la nuque d'un trait rouge, comme les arbres qu'on doit abattre dans une forêt.

Il ne faut pas qu'il néglige, celui-là, de défriper ce matin sa redingote et de donner un coup de brosse à son chapeau melon.

Lors de sa première comparution, son vêtement lui fit du tort. Son costume ressemblait déjà à la défroque qu'on met sur le dos des assassins célèbres, dans les musées de cire, et à voir cet accusé, fané et impassible, on aurait dit un des mannequins de la chambre des Horreurs dans la maison Tussaud, transporté là sur son pal de fer.

13 Octobre 1882.

C'est terrible à dire : l'individu dont
la vie appartient à douze hommes assem-
blés, perd ou gagne des chances d'échapper à l'échafaud, suivant qu'il sera habile
ou maladroit, et le coup de ciseaux de
son tailleur peut parer ou aider le coup
de couteau du bourreau. Il y a les petits côtés des grands drames, aussi ceux
qui vont entrer en scène entre deux gén-
darmes, feront bien de se maquiller dans
les coulisses, pour ne pas déplaire d'emblée aux arbitres qui tiennent leur sort
dans leurs mains et vont les dévisager
et presque les juger, dès qu'ils arriveront
au jour de la cour d'assises. De cette
première impression peut dépendre le
verdict suprême.

Le jour de Paris n'est pas le jour de
Versailles. Par les carreaux des fenêtres,
il entre non seulement une autre lumière, mais il passe un autre air aussi,
chargé de parfums qui ne gonflent pas
les narines dans les provinces. Il court,
sous le ciel de Paris, un vent de généro-
sité et de philosophie qui va secouer la
chevelure même de ceux qui ont été dé-
signés pour la guillotine et envoie là-
dedans un souffle de vie! Le jury de la
Seine n'est pas le jury de Seine-et-Oise,
il a des instincts et des traditions de
clémence qu'on ne rencontre point dans
les assises départementales, où l'on
frappe l'accusé au nom de la loi stricte,
avec la lettre de fer du Code, sans descendre au fond des âmes malades, sans
chercher s'il n'y a pas de la faute de tous

dans le crime d'un seul !

La peur est la grande conseillère, — comme la faim est une scélérate inspiratrice. Paris, qui a vu tant d'orages et a eu tant de misères, Paris n'a pas les mêmes frissons d'épouvante et ne prend pas contre le danger du vol ou du meurtre les mêmes précautions cruelles. Aussi est-ce une bonne fortune pour les coupables d'être amenés devant son tribunal, surtout quand il s'agit de procès où le cœur semble avoir joué le grand rôle, et où le bras a été armé par la passion. Mais voilà bien pourquoi les acteurs du drame doivent avoir bonne façon et empoigner le jury en entrant. Y a-t-il dans le regard de ces malheureux l'éclair d'une grande douleur? dans leur allure et dans leur mise un reflet de race? ou bien ont-ils la pelure sale, le museau laid, l'œil louche?

Par malheur, les accusés n'ont pas affaire qu'au jury. La cour, du haut de son siège, domine la salle, dirige l'enquête publique, tourne et retourne les prévenus, tourne et retourne les témoins, et peut bien tourner et retourner les jurés! Ils gardent en eux, comme des Latins, le respect des étudieurs du Code, des interprètes de Justinien, des représentants en toque de la Loi, et ils subissent, tout les premiers, le poids de cette tyrannie juriste, l'influence de cette majesté inamovible. Ils abaissent, sans le savoir, leur conviction devant le tribunal en robes rouges !

Il n'y a point à changer les accusés et à transporter tel président de son fauteuil en cuir sur le banc en bois, pour le juger, à son tour, au nom de la simple et saine justice ; la personnalité de l'homme n'y fait rien. C'est le role qu'on lui a confié qui est à biffer. Tant qu'un magistrat aura cette autorité, il pourra en user d'une façon périlleuse, et sera un danger vivant et mortel, dans la question où il s'agit de vie et de mort.

C'est si vrai, que la propre loi qui a aboli ce réquisitoire hypocrite appelé le résumé du président est violée tous les jours, sans que celui qui commet le viol s'en doute peut-être, mais il est investi d'un tel pouvoir qu'il n'a qu'à déplacer son discours, et l'accusé n'en reçoit pas moins le coup en pleine poitrine. On ne l'accable pas au bout de la route — on le frappe et on l'abat en chemin.

Je n'en veux pour exemple que le premier procès de Fenayrou.

On s'accorde à rendre hommage à la distinction de paroles, à la réserve d'allures du conseiller qui dirigeait les débats, mais il n'en sortit pas moins de la légalité — et de la justice — en constituant tout au long, de sa propre initiative, un dossier contre les accusés, dont il se montra ouvertement l'ennemi, tout en n'étant ni méchant ni brutal. Quiconque assista au procès fit cette remarque douloureuse.

C'était bien la peine de condamner et de tuer la harangue de la fin, de déclarer par un vote solennel que le droit était mort d'expliquer à sa façon ce qui avait été dit et ce qui s'était passé, et que le juge n'aurait plus à prendre cela sous son bonnet ? Mais comment espérer l'impartialité froide et pure de ceux à qui l'on accorde l'éternité du siège, espèce de consécration religieuse et garantie immortelle d'impunité !

Tant que ce ne sera point l'élection — et encore faudra-t-il savoir laquelle — qui constituera les tribunaux, on sentira peser sur les épaules des accusés, comme une chape de plomb, le manteau lourd de la tradition biblique et de la législation romaine. Les plus honorables et les plus convaincus des présidents d'assises sont ceux-là mêmes qui se montrent les plus terribles et sont les plus dangereux. Ils croient à la supériorité de leur mission ; et ne veulent jamais être de plain-pied avec les misérables.

Dans la franc-maçonnerie du Palais, juge d'instruction et président d'assises, commissaire de police et ministère public se tiennent et se défendent ; il y a l'esprit de corps et la solidarité des persécutants. Il suffit qu'un être humain ait été considéré coupable au bas de l'échelle, pour qu'il ait, jusqu'au haut du calvaire, tous les hommes de justice contre lui.

Ceux d'en haut ne peuvent croire et laisser admettre que ceux d'en bas se sont trompés, et toute la légion, toute l'armée, un monde en écharpe et en toge

se dresse contre le pauvre diable innocent ou non, sur lequel il y a eu déjà
tout un monde armé de casse-têtes et de
sabres, pour jeter le grappin.

Il a eu contre lui la cellule et l'instruction, la solitude et le secret, on le
tire de cette nuit pour le lancer, ahuri,
devant les juges.

Oh! maintenant, au moins, il a droit
au respect. Avant d'envoyer un homme
au supplice, et d'assassiner sa liberté
pour des années, on lui doit la liberté
sans limites pour se défendre. C'est à lui
de parler haut, à lui de poser les questions, d'attendre les réponses; deux heures lui suffisent et il n'aura pas à dire
qu'on l'a condamné sans l'entendre, et
commis alors un crime aussi grand que
celui qu'il voulait expliquer ou qu'il
nie!

Il n'en est point ainsi! Et ce n'est pas
seulement l'accusé qui est tenu en laisse
et a la langue nouée au caprice du président.

Les témoins peuvent être déconcertés,
brutalisés et se faire ou mentir par peur.
Combien j'en ai entendus me dire, après
leur déposition:

« Je n'ai pas osé parler!... »
Ils craignaient d'être arrêtés comme
faux témoins ou, sans être arrêtés, d'être
dénoncés comme malhonnêtes gens, d'a-
voir l'air complices du prisonnier, de recevoir, du haut de cette chaire de justice, une malédiction.

Combien qui, venus peut-être pour

deposer en faveur d'un innocent, ont déposé contre leur impression, comme s'ils croyaient à un coupable ?

Le magistrat, convaincu d'avance, dont l'opinion est déjà faite, brusque le témoignage et avec cette brusquerie-là, il peut empêcher l'entière et honnête vérité de venir au secours d'un malheureux.

L'avocat devrait être au moins autorisé à se lever et à rester debout tout le temps qu'il veut, en face des déposants.

Mais le président est maître de l'arrêter quand il lui plait et de l'envoyer s'asseoir comme les autres.

C'est à en rougir pour la patrie ! Elle se prétend, cette France, la grande nation de justice et de liberté, et voilà que l'Angleterre lui rit au nez et lui crie :

— Ce sont les défenseurs de nos accusés qui interrogent les témoins, et les interrogent aussi hardiment et aussi longtemps qu'ils veulent.

Vous n'avez donc jamais passé la Manche, présidents des assises françaises ! Vous n'avez pas entendu maître Montaigu ou maître Poland, dans la salle pleine du brouillard du ciel, crever à coups de questions aiguës, pressées, le brouillard humain qui peut envelopper une affaire criminelle, là-bas, à Londres, comme à Paris ! Le magistrat anglais ne s'interpose point ; il laisse le défenseur roi du terrain, et libre de ne lâcher les gens que quand il a tiré d'eux ce qu'il lui faut pour la défense ! L'accusateur a le même droit, bien entendu.

Mais le jury peut décider en connaissance de cause, tandis que chez nous un homme de cœur est en droit de tenir pour suspects les verdicts, parce qu'un président maladroit ou violent est capable, involontairement, de fausser les débats.

Levez les yeux ! Regardez dans les sculptures du plafond de cette cour d'assises, le blason de justice : — la balance est toute petite, mais le glaive est long et lourd, comme au temps des barbares !

Jules Vallès

(Fenayrou.)

LES CONDAMNÉS A MORT

Deux hommes attendent dans les cellules de la Roquette qu'on vienne leur annoncer qu'ils sont commués ou qu'ils vont mourir.

On dit que l'aumônier de la prison a donné une souleur à l'un d'eux, l'autre jour, et l'on a parlé même de la destitution du prêtre, qui avait osé annoncer au condamné, sans en savoir rien, qu'on le livrerait le lendemain à Monsieur de Paris.

Il était venu prêcher pour son Dieu, affirmer à l'homme qu'une minute de repentir et de croyance au ciel pouvait l'absoudre devant le grand directeur des grâces du paradis, et pour arriver à préparer le contrat, il avait bien pu mentir un moment, quitte à s'en repentir un moment après.

Ce qu'on dit est-il vrai ? Il paraît que non.

20 Octobre 1882

En tous cas, l'accablement n'a pas
suivi le prêche, et le mal averti n'a pas
la tête perdue. Elle tourne encore tranquillement sur ses fortes épaules, et
hier, il regardait d'un œil clair flotter
devant lui la fumée de la cigarette qu'il
mâchonnait entre ses dents, adossé contre le mur du petit jardin où l'automne
enlève leur chevelure aux arbres, comme
on coupera les cheveux au guillotiné.

Il aurait fallu le voir de près, ce condamné, causer avec lui, savoir sur quoi
se porte sa pensée, depuis qu'il est là.
Un geôlier banal et deux inspecteurs de
la sûreté pris au hasard sont bien ses
voisins de jour et de nuit et ses intimes
confidents; y aurait-il grand mal à laisser à côté d'eux un observateur interroger cette agonie, pour chercher le secret
de la responsabilité humaine, comme un
chirurgien cherche la balle dans les
chairs?

Si ce n'est pas le droit d'un journaliste
pris au hasard, ce pourrait être celui
d'hommes choisis exprès, et il me semble que le *citoyen* devrait être, par ce
temps de république, autorisé, aussi bien
que le *prêtre*, à s'approcher du lit de
camp sur lequel rêve ou se lamente celui
qu'ont jugé des hommes en redingote et
non pas en soutane.

Du ciel, dont lui parle tout le temps
l'aumônier, le condamné ne voit par la
fenêtre de sa cellule qu'une tranche large
et bleuâtre comme la lame du couteau —

tandis que dans sa cervelle il y a comme
une apoplexie des souvenirs humains —
et je voudrais que l'on pût faire avant la
saignée terrible, la saignée douce, qui
ferait jaillir peut-être de ces cœurs gâtés
une goutte fraîche et pure de passion ou
d'honneur.

Il suffirait de leur parler avec bonté
comme à des vaincus, si odieux qu'ils
fussent, et c'est une des enquêtes que la
science, qui a déjà gagné tant de terrain,
a à réclamer, et qu'on finira par obtenir
si, toutefois, on ne va pas plus vite,
et si avant peu le bourreau n'est pas
réduit à mendier.

Le bourreau *demandant sa vie*, comme on dit dans les villages !

Donc, il est injuste que ce soit à
l'homme de Dieu seul, qu'appartienne le
condamné à mort, et c'est perdre une
occasion d'étude profonde que confier la
garde de ce sujet à des agents de la sûreté, êtres passifs et relativement ignorants, pour qui c'est une corvée, alors
que, tour à tour, les courageux de l'observation pourraient approcher et veiller
cet agonisant plein de force !

Des agents resteraient là pour empêcher le suicide ou lutter contre les accès de
désespoir, si l'on veut, — quoique ce soit
être bien égoïste que tenir si fort à faire
soi-même disparaître un monstre et à
avoir du sang aux mains, tandis que le
danger mourrait tout aussi bien de la
main du suicidé lui-même — quoique
aussi, l'homme qui étudie soit terre de

braver tout péril comme le médecin brave la peste au lit des pestiférés !

Nous n'en sommes pas encore là, et c'est de loin et en me cachant que j'ai pu apercevoir ceux que guigne l'exécuteur.

Mais ils restent insouciants et gras, ces gens qui ont chance d'être fauchés !

Le but poursuivi par les partisans de l'échafaud est loin d'être atteint.

Que la société ne croie pas que dans cette conversation commencée entre elle et le condamné à la cour d'assises, et qui finit contre l'oreille du prêtre, elle garde le dessus et qu'elle ait le dernier !

Elle n'a pas convaincu ni mâté la bête, elle n'a que le triomphe de l'abattoir.

J'ai voulu savoir comment les différents criminels — ou innocents ! — avaient accueilli la Mort entrant dans leur cellule et les prenant par les cheveux !

Eh bien, ceux qui ont assisté à ces réveils, qui ont annoncé à l'homme se frottant les yeux, pour voir qui venait, du pardon ou du bourreau, la nouvelle que c'était le bourreau et qu'on allait scier sa tête et la jeter dans le panier comme une pierre au fond d'un gouffre ; ceux-là m'ont appris que pas une de ces têtes (au moins depuis les coupes des dix dernières années) n'avait eu un geste et n'avait montré un masque personnel et curieux !

La nouvelle de l'exécution, c'est le coup de maillet avant le coup de couteau. Verger cria, mais c'était un loup. Ceux qui ont leur raison ne disent rien, ils sont déjà dans le néant.

Moreau lui-même — celui pour lequel j'ai écrit le mot innocent — Moreau dont le crime ne fut jamais prouvé, répondit simplement au directeur de la prison : « C'est bien ! » et marcha tranquille et muet jusqu'au moment où il déclara à ceux qui l'entouraient, calme et poli, comme dans un salon : *Messieurs, je suis innocent !*

Je me figure qu'ils trouvent la société bête, et qu'ils ont devant son appareil de précautions et son instrument de guérison plus d'étonnement que d'épouvante, en ce quart d'heure suprême ; ils rient jaune plutôt qu'ils ne pleurent, haussent peut-être les épaules de mépris et se laissent conduire comme des aveugles dans la nuit, au-devant du soleil qui se lève et se lèvera encore demain au-dessus des bourreaux toujours épouvantés.

A bas la peine de mort ! Elle ne sert à rien qu'à prouver que nous sommes des lâches.

Si vraiment Fenayrou a assassiné Aubert par fureur de mari trompé, croyez-vous que parceque vous l'auriez guillotiné vous auriez arraché d'un seul cœur jaloux l'envie de tuer, une fois fichée là comme une flèche empoisonnée ! Les crimes de passion ne seront jamais guéris.

D'autre part, ceux qui tuent pour voler ne feront pas relâche, parce qu'il y

aura representation à six heures sur la
place de la Roquette. Ils espèrent toujours rester impunis quand ils frappent,
et ne s'embarrassent pas la cervelle de
terreurs rouges, à l'instant de l'at-
tentat.

Est-ce que la peur lointaine du bourreau empêcherait toute la cour de la prison de hurler et de bondir sur un révé-
lateur, s'il était lâché dans le tas ? On lui
casserait la tête à coups de gamelle, on
lui défoncerait ensuite la poitrine à
coups de sabot, même si Monsieur de
Paris passait son cou par une lucarne ?
Ce n'est pas parce que la peine de mort
est au bout du chemin que l'indignation
contre le dénonciateur disparaîtrait de
l'âme des hommes, haine immortelle et
qui survivra à tous les l'échafauds.

Fenayrou eût été impassible devant un
verdict de mort, tout comme il l'a été devant la condamnation au bagne.

Je l'ai vu, dans cette cour de la Roquette où les traîtres ne resteraient pas
un quart d'heure debout et vivants,
mais où l'on salue, bonnet bas, les grands
talents.

Méconnaissable, dans le costume de la
prison avec les gros sabots, et sa tête
rasée ! Là-dessus pourtant je reconnais
le chapeau melon qui a couvert son chef
depuis qu'il est arrêté ! Dans la ganse,
comme une plume de coq au feutre d'un
chasseur, une carte blanche — autour du
cou un foulard blanc aussi, — l'air d'un
faraud, ma foi, au milieu de tous ces

habillés de gris — l'air d'un prêtre surtout, maintenant qu'on voit la bouche aux lèvres minces, sur laquelle flotte le sourire des hommes d'église —
voix pleine de miel, — l'attitude de l'of-
ficiant faisant les yeux doux au tabernacle. Mine d'un jésuite et non plus d'un
sauvage ! Plus que jamais, je crois qu'il
n'y a pas eu d'amour dans son histoire
et qu'on ne sait pas le dernier mot de
l'affaire.

Si l'on avait pu l'interroger ?

Mais c'est défendu par le règlement.
J'avais demandé dès en entrant à voir
le registre des demandes, dans cette bibliothèque des condamnés, et cherché au
nom de Fenayrou. Rien.

— Qui vous a donné ce volume ? a demandé le gardien étonné.

— *Mon camarade.*

Il a demandé pardon de ne pas connaître la règle, souriant et les paupières
baissées. Il ne savait pas encore la règle.
Il a repris sa lecture, comme un vicaire
remettant le nez dans son bréviaire.

Son *camarade* ? Un forçat avec lequel
il a fait tout de suite connaissance. On a
été ami du premier coup ! Qui a le visage
plus franc et plus honnête ?

Non ! il ne faut pas tuer les deux sim-
plistes du chourinage, quand on a épar-
gné Fenayrou, ce jésuite de l'assassinat !

Jules Vallès

254

Montceau-les-Mines

(Jugement.)

C'est la cour de Châlon qui décide, mais c'est Paris qui juge, c'est lui qui casse les arrêts sur son genou comme des triques arrachées à des mains coupables.

Tout ce Paris est, depuis avant-hier, frémissant, et les accusés de Montceau-les-Mines sont devenus ses protégés. Ce n'est point une question de politique, mais d'humanité. Sur le boulevard comme au faubourg, on se demande si un gouvernement a le droit de disposer ainsi de la liberté des hommes et de commander pareille manœuvre à ses magistrats, au nom de je ne sais quelle peur — qui n'est pas française.

Non, il n'entre pas dans génie de la nation de céder à des paniques qui compromettent sa réputation de courage et d'honneur.

27 Octobre 1882

A-t-on consulte le jury avant de faire ce coup d'audience ? Les douze hommes qui siégeaient avaient-ils pâli, à l'idée que la dynamite était prête à venger les prisonniers, et ont-ils demandé protection aux finassiers de Code ? Qui a parlé de cela ? N'est-ce point leur faire une mortelle injure que les représenter comme des affolés d'épouvante ou comme des gens incapables de rendre un verdict tel qu'il en faut un ?

Allez donc prétendre que la justice est libre, alors qu'une lettre, arrivée de Paris comme un message de Caprée, arrête les débats, disperse les jurés, ordonne que les prévenus, qui étaient sur le point d'être acquittés, seront conduits en prison, tandis que leurs femmes pleurent et que leurs petits demandent du pain ?

C'est la centralisation et l'autorité qui méritent de passer en jugement et d'être livrées aux gendarmes, quand elles permettent de semblables bêtises et de semblables cruautés.

Faut-il admettre une conspiration de dynamitiers ? Il y a peut-être bien deux ou trois exaltés à qui le nihilisme a tourné la tête, et qui s'arrogent le droit de jeter quelques bombes dans les jambes d'une société qui vit adossée contre des milliers de canons, avec des millions de cartouches dans ses gibernes, et de la dynamite aussi dans ses caissons !

A certains moments, c'est une pétarade terrible et l'on chante des *Te Deum* quand avec la poudre des manufactures

d'État on a fait sauter des quartiers et
des armées.

Je ne crois guère à ces bombardiers
convaincus, laissant tomber leurs pommes de terre dans les cafés, et toujours
introuvables, alors que les Orsinistes de
tous les temps ont sans cesse été décou-
verts et pris la main dans le sac aux
munitions.

Mais alors même qu'ils existeraient
comme fanatiques d'un parti, ils ne sont
que des exceptions maigres et rares, à
propos desquelles il ne faut pas commander halte au peloton des juges, et leur
intimer l'ordre de fusiller le droit des
prévenus contre la porte de la salle où
allait délibérer le jury.

Le complot ne serait pas le cousin du
complot de Blois, — ce qui saute aux
yeux, plus que les miettes des usines
marquées pour l'explosion par le spectre
noir, — qu'il ne faudrait pas introduire le
bon plaisir des gouvernants comme un
bourreau dans la maison où l'on rend la
justice.

Quel précédent ! De quoi peuvent être
sûrs les défenseurs, maintenant, s'ils
n'organisent pas, avec tous les hommes
de liberté, une ligue de protestation
contre ce Deux-Décembre tribunalier, et
si on ne cloue au pilori ces Machiavels
de la légalité !

La réputation de la patrie recevra là
une bien sale blessure !

Mais en dehors de la question d'honneur et de la justice qu'on doit engager

d'abord, comme Napoléon portant le dra
peau sur le pont d'Arcole, je dis que ces
viols de liberté fécondent le mal, et que
les maisonnées qui ont saigné sous l'at-
tentat accouchent toujours de la rébel-
lion. Près du grabat d'où l'on arracha
le père, le matin, pour le mener à la prison, il grouille dans le berceau toujours
une nichée de révoltés!

Au lieu de laver la place, en circons-
crivant la plaie, le pouvoir y met le virus de sa rage, et toute une famille ou
tout un quartier peut être mordu, et
mordre et hurler, un jour.

C'est bien le pouvoir qui a commencé,
c'est lui qui a hérissé le poil, montré des
dents aiguisées et des yeux sanglants,
c'est lui qui a fait promener les soldats à
travers les rues, autour du puits des mines, c'est lui qui a envoyé les instruments de supplice, les ordres de torture,
qui a donné le spectacle de l'épouvante
et de la fureur, c'est lui qui a porté la
fièvre dans la contrée; il croit l'avoir pa-
cifiée, il lui a donné le mépris et la haine
des gouvernants.

C'est une hygiène nouvelle qui pourrait
guérir le mal, et non la chirurgie barbare qui arrache les hommes à leur milieu, comme la tenaille de l'inquisition
arrachait les ongles à ses victimes. Le
corps social n'a pas besoin de la ligature
des menottes ou de la saignée des baïonnettes, et rien que de montrer ces outils
et ces armes, c'est mettre dans ses veines
l'envie de tuer le médecin maladroit et

menaçant !

Il faudrait y regarder à deux fois avant l'avouer des terreurs et d'étaler ses rancunes, devant même de vrais coupables ussent-ils, ces gens, lancé, quelque soir, un cri de colère ou esquissé un geste de mépris, en face d'un crucifié dont on recueille depuis dix-huit siècles le sang figé, pour étouffer avec ces caillots la liberté humaine ! eux, les éternels saignants et les éternels écrasés, qui ne se oient pas salués parce qu'ils souffrent, mais mis en joue, parce qu'on veut qu'ils soient à genoux hors de la mine, comme dedans !

Ils vont donc contre leur but au pas le charge, ceux qui mettent en avant le péril social et en mouvement les escadrons de cavalerie, pour avoir raison, contre une commune tout entière, de quelques énergumènes disséminés et dont le feu s'éteindrait vite, si on ne s'amusait à grossir l'incendie !

Serait-ce qu'on est content d'étendre un rideau de flamme et de hisser le pavillon de détresse, afin d'attirer comme un papillon à la chandelle autour du brasier attisé par des mouchards, toute une population dont on redoute la misère et les vertus, et qu'on veut mâter avant qu'elle ait massé ses forces et pu étudier les moyens de moins souffrir et d'être libre. Y a-t-il des politiciens qui, dans l'ombre, ont les yeux sur l'incendie et sont heureux que l'on brûle la moisson de colères et de douleurs qui pousse dans les centres pauvres, avant qu'ils ne reprennent le pouvoir ! C'est possible ! Il faut se garder des consuls futurs. *Caveant pauperes !*

Aussi Paris, qui a connu les provocations et les coups de force, Paris doit-il envoyer à ceux de là-bas, aux prisonniers, aux vaincus de la région où la police et l'armée font fouilles et patrouilles depuis une quinzaine, la prière de ne céder aux entraînements du désespoir. Il ne faut pas que leur droit et leur liberté, que leur vie et la vie des idées nouvelles soient cousus au lé d'une blouse blanche ! Garde à vous, citoyens honnêtes !

Que ceux qui, dans le camp autoritaire et catholique, sont de bonne foi, croient à la répression et pensent qu'il y le coq rouge à écraser dans l'œuf, que ceux-là réfléchissent aussi et qu'ils écoutent un homme qui a vécu dans les pays libres !

Qu'ils le sachent bien, il n'y aurait jamais le coup de clairon des matins révolutionnaires, si, au lieu de faire des prisonniers, on faisait des enquêtes, si on laissait les travailleurs maîtres de ne pas croire à Dieu et armés de règlements nets et justes contre les patrons cagots ou exploiteurs !

A traiter par le soldat la question sociale, on s'expose à des catastrophes comme, au fond de la mine, quand il n'y a pas eu d'échappement pour le grisou. On enchambre le danger, et un soir il y a la révolution, qui éclate et tue hommes et idées. Il fallait entrer avec la lampe Davy dans l'étude du mal de misère ; au lieu de cela, on a jeté dans cette nuit l'éclair des baïonnettes, et voilà pourquoi il y a des explosions sociales !

JULES VALLÈS

LES MORTS

Ils ont des fleurs sur leurs tombes, aujourd'hui! On les ressuscite, sous le soleil froid de l'automne, ceux qu'on a ensevelis après avoir embrassé leur front durci par la mort, — si bien qu'on se les représente étendus sous la terre, pauvres ou riches, comme des statues de marbre, et on leur a fait fête, tout un jour!

Fête trop catholique et qui s'appelle la Toussaint, comme une fête d'église. Ceux qui croient au ciel font bien d'aller le 1er novembre, porter des couronnes à l'endroit où reposent les restes de ceux qu'ils ont aimés. Ils espèrent que leur prière leur vaut une recommandation dans le paradis, de la part des âmes envolées!

Toutes les formes de la conviction et toutes les attitudes de la douleur méritent le respect, et ce n'est pas en un jour de deuil que j'évoquerai le spectre de l'impiété, pour le poster, ricaneur et cruel, à la porte des cimetières. Mais si je m'incline devant les promeneurs religieux, je m'étonne en face de ceux qui, appartenant à l'armée de la libre pensée, se mêlent en foule aux croyants par ce jour de tradition catholique.

3 Novembre 1882.

C'est une autre date, il me semble, que devraient choisir les hommes de notre temps pour honorer leurs morts.

On a changé les anniversaires de fêtes à feux d'artifice et à pétards joyeux, la République n'illumine plus les mêmes soirs que l'Empire. Si l'on veut aller rendre visite à Baudin et à ses aînés ou cadets, tués en pleine vie pour une idée, c'est l'heure correspondante à celle où ils moururent qu'il est plus sage d'adopter, au lieu de se diriger, suivant les rites antiques, vers les grands sépulcres chrétiens !

La manifestation perd de sa grandeur, dans son immense banalité, la tradition biblique jette son voile noir sur toutes les consciences, comme un épervier qui s'empare d'un coin de rivière ! Les âmes d'athées ou de sceptiques sont prises dans les mailles tout comme les autres, et l'indépendance de la pensée comme la majesté de la douleur souffrent de cette confusion et de ce voisinage. Je n'aime pas cette centralisation des regrets.

Mais les simples n'ont pas le temps de démêler les dangers, braves gens qui peut-être ne se confesseront pas avant de mourir, mais qui font le pèlerinage officiel pour opposer cérémonie humaine à cérémonie religieuse — ne se doutant pas que leur protestation muette tourne au détriment de leurs opinions de libre penseur.

Puis la Misère est là. Le premier novembre, il est convenu que les forçats du travail auront leur liberté ; et comme les heures sont sacrées pour le pauvre, puisqu'il doit donner sa goutte de sueur ou de sang à l'établi ou à la machine, pendant toutes les minutes où il est attaché, il profite de la trève, pour aller, avec tout le monde, à l'époque fixée par n'importe qui, hommes de sacristie ou de république, dire bonjour à ceux qui ont échappé avant lui à la vie de fatigue et de peine. D'ailleurs, il est des endroits où l'on se retrouve ce jour-là.

Depuis quatre-vingt-dix ans que, dans Paris, il y a batailles et hécatombes régulières, depuis la dernière grande et sombre bataille surtout, il est bien peu de familles en blouse qui n'aient eu qu'un des leurs jeté par la fatalité des guerres civiles dans la chaux vive du charnier, et la Fosse commune est un rendez-vous des anciens amis et des vieux voisins de combat.

Respect aux simples, place aux pauvres et aux blessés !

Mais le moment viendra, je crois, où l'on n'ira pas, pêle-mêle avec tous et sous une enseigne qui est une bannière de Fête-Dieu déployée à l'instant voulu par le calendrier catholique, méditer et se découvrir devant ceux qui purent vivre esclaves — devant la peine et le chagrin — mais qui moururent libres, la main dans la main d'un camarade mécréant à qui ils se confessaient tout haut !

L'idolâtrie des noms aura fait son

temps aussi ! La reconnaissance envers qui aura lutté au nom de l'avenir, n'enchaînera plus d'individus ou groupes à la grille des tombeaux, comme elle a enchaîné les générations depuis que l'or combat le vieux monde, — en se servant hélas ! de ses propres armes, et en entretenant des flambeaux à odeur de cierge devant des Christs coiffés de bonnets d'artiste, de cagoules de poète, de chapeaux montagnards. Mais le couvre-chef n'y fait rien. C'est la transformation, et la continuation du culte Sainte-Perpétue, plantée devant les mausolées, — Sainte-Perpétue, sœur de Sainte-Opportune ! La tombe de Baudin devient le tremplin de Gambetta, et, pour avoir canonisé ce mort devant les juges de l'empire, il pourra, qui sait, canonner demain les vivants, ayant gardé à ses souliers, à travers ses voyages à Saint-Sébastien, à Cahors et à Charonne, des caillots de la terre où est enfoncé le cercueil de l'assassiné de Décembre, terre sainte pour les routiniers de l'histoire, et qui rend sacrés les pèlerins même criminels !

Combien d'autres statues sont là menaçantes, symbolisant le génie passé et barrant la route au génie nouveau ! On traite d'envieux ou de fou quiconque écorche la gloire des trépassés et ose nier la grandeur ou la fécondité de leur œuvre. On lui casse le nez ou les bras contre les mausolées de Béranger, de Murger, de Ledru-Rollin ou de Cavaignac.

J'ose évoquer ici le fantôme d'un mort dont la mémoire fut sacrée pour celui-là même qui l'avait tué, et je dis que la religion des morts écrasa longtemps la religion de liberté. Girardin avait raison contre Carrel, nul ne le nie aujourd'hui, — on le savait déjà le soir du duel ; — pourtant, du haut de sa tombe, Carrel domina longtemps le débat, et fit d'éternelles blessures à celui que les dévots de cimetière appelaient son assassin !

Je préfèrerais que ceux qui en ont le loisir et ne sont pas dans le cas des galériens de l'atelier, allassent non pas en bande et à la file de la coutume apostolique et romaine, mais isolément et à leur heure, faire acte de présence devant les tombeaux de ceux qui furent leurs chefs d'école, leurs pères par l'esprit ou le cœur !

J'en connais qui vont, eux aussi, rôder dans les cimetières, mais ils y vont quand il y a la solitude et le silence, et quand ils ne sont pas exposés à être les témoins d'idolâtries qu'ils méprisent et les prisonniers de la Lamentation classique, les otages du Deuil banal !

Ils vont offrir à celle qu'ils aimèrent, un bouquet de violettes d'un sou ; à celui qui les commanda une rose rouge. Là où sont les os de ceux dont les œuvres ou l'exemple guident leur vie, ils s'arrêtent rêveurs et réfléchis ; et — alors celui qui écoute ce silence et reste libre dans cette prison solennelle des morts, celui-là se demande, au milieu de ces statues et de-

vant les bouquets de la dernière Toussaint, si vraiment il y a des hommes dont
a tête doit crever la terre, et qui doivent remonter sur le sol, avec une carcasse de marbre ou de bronze, pour être
couronnés encore, couronnés toujours !

N'est-ce pas la théorie des providèn-
iels, qui passe des mains des césariens
t des catholiques sur le champ de ba-
aille des républicains?

Pour moi, je rêve une humanité paci-
ique, où la végétation serait heureuse
et belle, et la terre riche pour tous,
parce qu'il n'y aurait plus, pour l'épui-
ser et la dominer, de grands arbres éternellement debout sur le bord des routes
ou dans les allées des Père-Lachaise !
Il n'y aurait plus tant de grands hommes : il y aurait davantage de gens
heureux. — J'ai peur de cet arbre à
fleurs de la gloire, qui vit immortel et
sacré dans les cimetières.

Jules Vallès

Les Ruines des Tuileries

Dans quelques jours, dit-on, on va démolir les Tuileries et enlever les ruines. Que fera-t-on des pierres noircies ? Quelques-uns parlent de les transporter comme des reliques dans un coin. Libre à eux. Les idolâtres ont le droit d'avoir leurs chapelles faites de débris, pourvu que ce ne soit pas la nation qui paie les frais du culte, à condition que le monument mort ne mange pas l'argent de tout le monde, comme le monument vivant.

La ruche peut partir en morceaux, on ne sait où. L'Empire en sortit, la trompe engluée de sang, les ailes cassées, il y a douze ans, mais on dirait qu'il y a un siècle !

Au pis aller de l'histoire, l'autoritarisme peut revenir en croupe derrière un général d'aventures, à califourchon sur le dos d'un tribun renégat, même rentrer dans la place sur le mulet chargé d'or d'un prince avare, mais il devra prendre un masque, et pas un de ces traîtres n'oserait aller camper dans une maison qui ressemblât aux Tuileries.

10 Novembre 1882.

Une surprise, un coup de force, le *pronunciamiento* de l'un, la nomination de l'autre, dans une séance de nuit d'un Parlement compromis, ramèneraient-ils l'apparence d'un roi un matin, que cette royauté ne logerait jamais qu'en garni dans Paris surpris et violé.

Donc, là où furent les Tuileries, il n'y aura plus jamais une maison de pierre pour les rois.

Qu'y aura-t-il?

Peut-être le terrain est-il déjà accaparé par l'Etat ou saisi par la Ville. Tout le monde est censé connaître la loi, dit le Code. Mais dans la forêt des votes, des règlements et des arrêtés, et surtout dans le dédale des contradictions parlementaires, celui-là même qui est un peu du bâtiment, s'égare, se demandant si on n'a pas ajourné, renversé, ou étouffé et tué tel projet qui devait terminer le débat, ignorant si l'on va conclure ou si l'on a conclu. Qu'a-t-on décidé à propos de l'emplacement rendu libre par l'incendie des Tuileries et qui va laisser vacant le déblaiement prochain?

Y a-t-il eu vote définitif, destination spéciale? A qui va appartenir ce carré de Paris? Que va-t-on montrer au peuple, en place de la grande baraque où logeaient les rois?

Il a été émis plus d'une idée; les artistes et les écrivains ont lancé leurs projets. Tous ces projets-là me paraissent sentir d'une lieue le roussi du bâtiment même dont on va emporter les os.

Il est curieux de constater combien l'Art moderne est resté courtisan, combien les Lettres ont l'air de regretter le grand siècle. Ce ne serait rien, si cette nostalgie était la maladie des convaincus, et se déclarait seulement chez ceux qui ne peuvent passer place du Carrousel sans avoir des larmes aux yeux, et sans aller voir si, dans les cendres du passé, les violettes ne renaissent pas ou s'il n'y a pas l'oignon d'un lis! Ceux-là peuvent croire le sort des statues ou des livres attaché au sort des monarchies. Mais, hélas, les républicains sont aussi royalistes et aussi biblistes! les romantiques comme les classiques, tous! Et il ne jaillit des cervelles les plus rouges que des idées vieilles comme Louis XIV.

On a songé à planter des allégories là-dedans, à mettre des héros ou des déesses républicaines qui feraient un pied de nez à l'empire, et à ses bustes romains; en route pour la banlieue dans les voitures conduites par des charretiers.

On a pensé à y transporter les musées; ou à en créer un nouveau, plus libre, et qui viendrait là en insurgé — comme si les musées étaient libres, quand c'est l'Etat qui achète les tableaux ainsi qu'il achète le bois pour le pœêle et les balais pour les garçons de bureau!

Personne n'a songé à rendre hommage à la royauté nouvelle dans le cimetière des royautés anciennes!

La naissance de cette royauté-là, elle a été saluée à coups de cloche et à coups

de canon comme celle des anciens dauphins, mais la cloche sonnait se tocsin
et le canon tirait à boulets rouges, et
son berceau a été assis sur un tas de
pierres plus haut que le tas de démoli-
tions des Tuileries !

Il a fallu la prise de la Bastille, les
journées de Juillet et les douleurs de
vingt insurrections isolées, sourdes, dans
les cavernes de Sorbonne ou d'Académie,
pour asseoir ce berceau baigné du sang
et des larmes des révoltés, de ceux qui
travaillent sur le champ de bataille de
la place publique ou de ceux qui, dans le
fond des mansardes, font la guerre à
l'inconnu et découvrent des mondes sans
pouvoir trouver du pain !

Mais aujourd'hui l'enfant a grandi, et
elle tient le vieux monde sous ses pieds
et la jeune humanité dans sa main : capable de casser le ciel en autant de morceaux que les Tuileries !

La Science est reine !

Elle a déjà tué à moitié la fatigue et
le mal : en creusant, il est vrai, l'abîme
sous les pieds de celui qui vivait de
souffrance et de lassitude ; mais un jour
viendra bien où l'équilibre se fera, et où
la peine ne sera plus le lot de quelques-
uns, étant distribuée sur les épaules de
tous en fardeaux justes. Alors elle sera
la grande bienfaitrice ! En attendant, elle
a des airs de monstre, en même temps
que des gestes de géant !

Eh bien ! il faudrait l'amener telle
qu'elle est sur la place publique, si bien

qu'on pût décider devant elle, avec son corps et sa vie sous les yeux, en quoi elle mérite, cette reine, les honneurs du Capitole ou les hontes des gémonies !

Si l'on pouvait compter, battement par battement, ce qu'elle forge de bien et ce qu'elle fait de mal, combien ses balan-ciers frappent d'or et frappent aussi de misère, combien ses machines produi-sent de pain et affament d'hommes, si l'on pouvait la voir vivre, engendrer et tuer, quel spectacle ! Paris serait, en une saison, mis au courant des problè-mes résolus et de ceux à résoudre, et les générations grandiraient sur son sol, en apprenant, dès l'enfance, ce que savent mal aujourd'hui, ou ce que ne savent même pas les glorieux et les savants de toutes les Académies !

Il suffirait pour cela que là où rôde le fantôme de l'Empire, on plantât le sque-lette du Travail, et qu'on l'habillât de-vant la foule de la chair du produit.

Pour comprendre la peinture des mu-sées, pour trouver ce qui se cache au fond des livres, il faut du temps ! Les pauvres et les oisifs ne peuvent s'enfermer ave les bouquins et consacrer à leur éducation les heures qu'ils emploient à gagner leur vie et celle de leurs enfants. Mystères d'Eleusis, chambres d'astrologue ! Il n'y a que les initiés qui y comprennent quel-que chose, et encore beaucoup se vantent et n'y voient pas plus clair que le dindon de Florian !

Mais si l'on installait entre les pavés

tems d'herbe de la cour déserte des fila
teries vingt industries dans vingt maisons de verre, le peuple aurait là un laboratoire éternellement allumé et agissant, où il verrait arriver la matière morte, où il la verrait ressusciter, se tordre, s'allonger, courir, se replier sous le geste de l'homme et finir toujours par faire ce qu'il voulait!

Il n'y a qu'à appeler à soi vingt métiers, et à dresser leur outillage. Immense palais de cristal, où le fabricant paiera pour entrer et avoir son atelier, mais aux vitres duquel le peuple n'aura qu'à coller son visage pour assister aux drames superbes du travail! Et, de cette façon, toute la puissance bienfaitrice ou infernale des machines, le jeu terrible des leviers de chair ou d'or, toute la force ouvrière et toute la force capitaliste, tout cela sera saisi, mesuré et connu, après quelques promenades par là, bien mieux qu'après dix ans de collège!

S'il en est temps encore, qu'on y pense!

Jules Vallès.

Table.

Gil Blas

Suite.

Fin.

Fin.